지금 시작하는 생각 인문학

지금 시작하는

생각 인문학

이화선 지음

우리가 늘 똑같은
생각만 하는
이유와

세상에 없는
생각을 만드는
5가지 방법

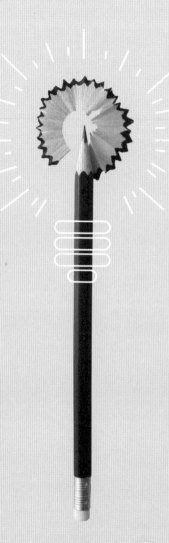

비즈니스북스

■ 해당 저서는 2017년 정부(교육부)의 재원으로 한국연구재단의 지원을 받아 수행된 연구(NRF-2017S1A6A4 A01021031)임을 밝힌다.

지금 시작하는 생각 인문학

1판 1쇄 발행   2020년 4월 22일
1판 4쇄 발행   2021년 7월 6일

지은이 | 이화선
발행인 | 홍영태
발행처 | (주)비즈니스북스
등 록 | 제2000-000225호(2000년 2월 28일)
주 소 | 03991 서울시 마포구 월드컵북로6길 3 이노베이스빌딩 7층
전 화 | (02)338-9449
팩 스 | (02)338-6543
대표메일 | bb@businessbooks.co.kr
홈페이지 | http://www.businessbooks.co.kr
블로그 | http://blog.naver.com/biz_books
페이스북 | thebizbooks
ISBN 979-11-6254-141-8 03100

비즈니스북스는 독자 여러분의 소중한 아이디어와 원고 투고를 기다리고 있습니다.
원고가 있으신 분은 ms1@businessbooks.co.kr로 간단한 개요와 취지, 연락처 등을 보내 주세요.

창의적인 삶,
생각 인문학을 말하다

이 책은 창의적인 삶의 방법을 이야기합니다. 관찰·모방·몰입·실행·함께. 바로 이 다섯 단어는 창의적인 삶의 핵심적인 요소이자 이 책을 관통하는 다섯 가지 질문이기도 합니다. 다섯 단어는 대가들의 삶에서 모티브를 얻었지만, 나이와 분야를 막론하고 모두가 적용할 수 있는 창의성의 키워드입니다. 이를 배우고 행하는 것은 누구라도 가능하니까요.

제 수업을 듣는 학생들은 "창의성이 길러질 수 있는 능력인가요?"라는 질문을 가장 많이 합니다. 흔히 사람들은 아무도 생각하지 못한 생각과 결과물들을 세상에 내놓는 사람들에 비해 자신이 특별하지 못하다고 생각합니다. 또 단순히 남들과 다른 특별한 능력을 갖기를 바라죠. 이는 마치 초능력을 바라는 것과 다를 바 없습니다. 창의성은 초능력이 아닙니다. 창의적인 사람도 부러워하거나 우러러봐야 하는 대상이 아닙니다. 확신하건대 누구나 성장시킬 수 있는 능력입니다. 단 창의적인 삶의 방법을 이해하고 습관처럼 행해야 합니다.

무엇이 '창의적'인 것일까?

—   창의성이 무엇인지 묻는 질문에는 사실 저도 대답하기 부담스럽습니다. 어떤 개념이든 정의를 내려버리면 날이 무뎌지는 경우가 많으니까요. 특히 창의성은 더 그런 것 같습니다. 그래도 우선 정석대로 정리해보려고 합니다. 학술적으로는 '새롭고novel 가치로운appropriate 산물을 창출하는 인간의 능력'이라고 정의합니다. 꽤 단순해 보이는 정의가 아닌가요? 하지만 기존의 가치나 생산물을 뛰어넘는 자신만의 것을 만들어내고, 이를 사회적 가치와 연결시켜야 한다는 것은 말처럼 쉬운 일이 아닙니다. 이러한 접근은 본질적으로 우리 모두가 지니고 있는 '성장의 욕구'와 연결되어 있습니다. 현재와 타협하지 않고 더 나은 나를 꿈꾸며, 남들과 다른 나만의 고유성을 찾아 세상에 표현하고 싶은 자아실현적 욕구 말이지요. 즉 성장의 욕구는 창의성을 이해하는 데 매우 중요한 부분이라고 생각합니

다. 인간은 모두 창의적인 잠재력을 가지고 있습니다. 자신을 창의적 존재로 인식하고, 자신의 고유성은 무엇인지 깨닫는 것이 중요합니다. 또 어떻게 자신을 성장시키며 창의성을 발휘할 수 있는지 진지하게 고민해보고 실천해야 합니다.

조금 거창한 이야기를 해보겠습니다. 기존의 가치나 생산물을 포용하고 이를 뛰어넘는 창의성의 개념은 우리 인류가 살아온 과정을 상징적으로 설명합니다. 인류의 역사가 곧 문명을 이룬 과정이고, 문명의 유인이 곧 인간의 본성이라는 것이죠. 다른 동물들의 의사소통과 달리 유독 인간의 언어 세계에서는 '지금 여기'를 벗어난 이야기를 많이 한다고 합니다. 언제나 현재를 넘어서 내일을 이야기하고, 내일을 넘어 더 먼 미래를 상상하는 것이 인간이란 종의 특성인 것이죠. 고인류학자인 이상희 교수는 인류가 (지구상에) 지배 계층이 될 수 있었던 특징을 한마디로 말해 '넘어섬'이라고 했습니다.[1]

인간에게서만 찾아볼 수 있는 넘어섬에 대한 욕구와 본능은 창의성과 맥을 같이합니다. 창의성을 가르치는 일은 인간의 내면을 들여다보는 시도이기도 한 만큼 신중하게 접근해야 합니다. 우리가 흔히 접하는 창의성 교육은 대부분 새로운 아이디어를 내고 사고를 확장하는 측면에만 집중되어 있습니다. 아이를 대상으로 한 교육이나 성인을 대상으로 한 교육이나 차이가 없지요. 심지어 '창의적인 결과를 얻기 위해 ○○○ 기법을 따르세요' 식으로 정해진 이론이나 공식을 제시하기도 합니다. 만약 어떠한 원칙에 따라 누구나 답을 얻을 수 있다면 그것은 더 이상 창의적인 사고 방법이 아닐 것입니다. 창의성을 성장시킨다면서 오히려 창의성을 해치고 있는 것이지요.

새로운 아이디어를 내는 것만 창의성이라고 한정해서 생각하면 안 됩니다. 인간이 성장하고자 하는 욕구와 삶이라는 전체 틀을 함께 조망해야 합니다. 다시 말해 창의성을 가르치는 일은 한 인간이 내면의 깊이를 가지고 보다 먼 곳을 내다보며 성장할 수 있도록 이끄는 것이어야 합니다.

창의성에 대한 저의 학문적 관심은 아동을 위한 교육에서부터 출발했습니다. 그러다 최근 10년 동안은 청소년과 대학생들을 대상으로 한 창의성 교육에 몸담았습니다. 이제 곧 사회에 진출해 자신의 능력을 펼쳐야 할 시기를 보내고 있는 학생들에게 무엇을 가르쳐주어야 할지 고민이 많았습니다. 새로운 아이디어를 기획하고 사고력을 훈련하는 것이 중요할 것이라고 생각했지만, 제 섣부른 판단이었습니다. 그들에게 절실한 것은 그런 것이 아니었습니다. 그보다 자기 이해와 삶의 방향성, 새롭고 가치로운 삶의 의미를 만끽할 수 있는 안목 형성 그리고 스스로 생각하는 힘과 몰입, 생각을 실제 삶에 끌어들이는 자유로운 연결에 대한 습관이 필요했습니다. 즉 창의성을 키우기 위한 동기와 과정에 더욱 주목해야 했습니다. 이는 비단 청년들뿐 아니라 업을 가지고 일하는 직장인이나 창의적 생각에 갈증을 느끼는 사람이라면 누구나 관심 있는 주제이기도 합니다.

창의적인 삶을 위한 다섯 가지 질문

—   창의적으로 산다는 것은 어떤 의미일까요? 창의성
을 발휘하려면 어떤 노력을 해야 할까요? 물론 아무것도 정해진 것
은 없습니다. 다만 세상을 바꾼 사람들이 어떠한 삶을 열망하고 어떻
게 살아왔는지를 살펴보면 도움을 얻을 수 있을 겁니다.

제가 살펴본 창의적인 사람들은 다른 사람들이 보지 못한 것을 인
식하고, 자신의 흥미를 끄는 무언가를 발견하면 남들보다 더 반짝이
는 호기심을 보입니다. 그런 성향은 어렵고 도전적인 문제일수록 더
욱 두드러집니다. 바쁜 일상과 잡무에 굴복하지 않고 기꺼이 시간을
내어 문제에 몰입하며 자신만의 생각을 더합니다. 생각하는 단계에
머물지 않고 구체적으로 실천하는 용기를 가지고 세상과 연결되어
살아가려 합니다.

창의적인 사람들이 가진 강력한 특성들, 그들의 삶에서 우리가 주
목해야 할 삶의 방법들을 저는 다섯 가지 주제로 풀어내고자 합니다.
첫째, 열린 마음과 호기심의 눈을 갖고 일상을 낯설게 바라볼 줄 아
는 삶, 즉 세상을 더욱 풍요롭게 경험하는 '관찰'하는 삶입니다. 둘째,

끊임없이 배우고자 하고 이를 창조적으로 '모방'하고 연결해 자신만의 새로운 아이디어를 펼치는 삶입니다. 셋째, 자신이 추구하는 창조의 가치와 목적을 분명히 인식하고, 어려운 과제에 즐겁게 '몰입'하는 삶입니다. 넷째, 새로운 생각을 펼쳐내는 도전과 실패를 반복할 수 있는 용기를 지닌 '실행'하는 삶입니다. 마지막으로 나의 가치를 사회와 연결하는 '함께'하는 삶입니다.

관찰·모방·몰입·실행·함께는 곧 창의적인 삶의 핵심적인 요소이자 이 책을 관통하는 다섯 가지 질문입니다. 나 자신의 삶을 돌아보고 다섯 가지 질문을 떠올리며 책의 페이지를 한 장 한 장 넘겨보기를 바랍니다. 나는 관찰하는가, 나는 모방하는가, 나는 몰입하는가, 나는 실행하는가, 나는 함께하는가. 다섯 가지 질문은 하나하나가 창의성을 탐구하기에 충분히 가치 있는 대주제들입니다. 주제에 따라서는 글의 결이 달라지기도 합니다. 하지만 이 책을 다 읽고 다섯 가지 질문을 하나로 연결했을 때 창의적인 삶에 대한 청사진을 그릴 수 있을 것입니다.

창의적인 삶을 원하고, 자신의 창의적인 잠재력을 펼치고자 하는 사람들에게 이 책이 도움이 되었으면 하는 마음입니다. 창의성의 다섯 가지 요소에 대한 이론적 이해를 돕고, 직접 참여해 스스로 생각하고 고민하는 시간을 가질 수 있도록 중간중간 다양한 생각거리를 넣었습니다. 이 책이 기대 이상이기를 바란다면 펜과 종이를 준비해도 좋겠습니다. 순간순간 떠오르는 아이디어를 메모하고 질문에 답할 수 있을 테니까요. 글자로 접하는 책이 아닌 면대면으로 만나는 강의처럼 함께한다는 느낌을 공유할 수 있으면 좋겠습니다.

다섯 가지 질문을 담은 각 장을 간략히 소개하면 다음과 같습니다.

첫 번째 질문, 나는 관찰하는가. 많은 사람이 새로운 무언가를 만들어내는 것에 지나치게 집착합니다. 그보다 이미 자신이 가지고 있는 가치, 자신의 주변을 제대로 인식하는 것이 중요합니다. 창의적인 삶의 출발점으로 삼기에 관찰은 매우 좋은 주제입니다. 적극적으로 자신의 일상에 관여하는 행위이기 때문이죠. 제1장에서는 우리가 의외로 자신의 주변을 잘 보지 못한다는 점을 인식하며, 관찰이라는 행위가 생각만큼 쉬운 과정이 아니라 훈련이 필요한 기술임을 살펴봅니다. 그리고 창의적인 삶을 이끄는 관찰에 대해 세 가지 키워드, 즉 관찰하는 방법으로서의 '감각', 관찰하는 대상으로서의 '일상', 관찰하는 행위로서의 '기록과 수집'을 다룹니다.

두 번째 질문, 나는 모방하는가. 완전히 새로운 무언가를 만들어내는 것은 사실 불가능한 일입니다. 창의성의 뿌리는 이미 존재하는 것에서 배우고 빌려와 연결하는 능력, 즉 모방이기 때문입니다. 제2장에서는 배움의 과정으로서의 모방인 '카피'copy(따라 하기)와 창조의 과정으로서의 모방인 '스틸'steal(창조적 모방)을 구분해 살펴봅니다. 수많은 창의적 산물의 공통점은 아이디어의 원천을 '먼 곳'에서 가져왔다는 점입니다. 이러한 창조적 모방의 핵심을 익히기 위해 관련 없는 것들을 연결하는 능력인 '유추'라는 생각도구를 다뤄보겠습니다. 또 어떻게 유추 능력을 기를 수 있을지에 대한 방법적 측면도 주목합니다.

세 번째 질문, 나는 몰입하는가. 자신의 창의성을 발휘하도록 이끄는 성장의 시간이 곧 몰입입니다. 차곡차곡 몰입하는 시간이 쌓여 우리의 잠재된 능력을 펼치게 되면 깜짝 놀라게 되지요. 수많은 창의적 인물의 삶이 그 증거입니다. 제3장에서는 어떻게 몰입의 시간들로 삶을 채워가는가를 고민해보겠습니다. 자신이 몰입했던 경험을 떠올리는 것에서부터 시작해 몰입의 조건들을 하나하나 이해하는 시간을 가지겠습니다. 몰입하는 삶을 위해 나에게 어렵지만 도전할 만한 일이 있는지, 몰입을 유지하는 전략은 무엇인지, 명확한 목표와 인생의 주제가 있는지에 대해 생각해봅니다.

네 번째 질문, 나는 실행하는가. 실패와 연결되어 있는 실행은 참 부담스러운 단어입니다. 하지만 창의적인 삶에서 결코 빠질 수 없는 부분입니다. 실행이라는 마지막 단계가 있어야 비로소 문제 해결 과정이 완성되기 때문이며, 때로는 더 나은 시작점으로 자신을 이끌어주기 때문입니다. 제4장에서는 실행하는 삶을 위한 고민과 나름의 전략을 풀어나갑니다. 무조건 실패할 수 없는 우리에게 단순히 실행하라고 외치는 것이 아니라 창의적인 삶과 관련해서 실행이 왜 중요하며, 현명하게 실패하고 실행하기 위해서는 어떻게 접근하면 좋을지에 대해 이야기해보겠습니다.

다섯 번째 질문, 나는 함께하는가. 창의적인 인물을 생각하면 고독한 천재를 떠올리기 쉽습니다. 사실 그들은 누구보다도 사회와 연결된 삶을 산 사람들입니다. 그들은 자기 안에만 매몰되지 않습니다. 오히려 자신의 능력을 키우고 인정받을 수 있는 현장을 찾아 나섰고, 사회적 네트워크 속에서 공유하는 태도와 사회적 소명을 지녔습니다. 오늘날 우리가 마주하는 여러 다양한 문제를 들여다보면 점점 더 복잡하게 얽혀 있다는 것을 알 수 있습니다. 이런 사회에서 창의성은 융합을 요구하는 상황 속에서 빛을 발할 것이고, 이는 공유와 협력을 통해 구현됩니다. 그렇기에 제5장에서는 함께하는 것의 중요성과 집단의 창의성을 높이는 방안을 다룹니다. 더불어 나의 가치를 어떻게 사회와 연결할 것인지에 대해 고민해보겠습니다.

세상에 내놓는 제 첫 책입니다. 언젠가 책을 쓰면 감사의 마음을 꼭 표현하고 싶은 분들이 있었습니다. 먼저 창의성에 빠져들어 보낸 제 청춘의 시간을 기억하는 창의성의 스승 최인수 교수님. 교수님 덕분에 비주류의 학문을 주류의 학문 못지않게 따뜻한 마음으로 공부할 수 있었습니다. 10여 년간 저의 생각수업을 들어준 학생들. 제 강의가 '자신의 창의성을 발견하고 생각의 폭을 넓히는 데 도움이 되었다'는 학생들의 피드백이 이 책을 쓰게 된 가장 큰 동력이었습니다.

또 제 글의 첫 독자이자 든든한 삶의 조언자인 남편 김진우 씨. 묵묵히 내 곁을 지켜주어서 이렇게 편히 생각을 정리하는 시간을 가질 수 있었습니다. 그리고 나의 창의성의 뮤즈, 잊힌 어린 시절을 찾아준 아들 재하에게 고마움을 전합니다. 마지막으로 제 글을 세상과 연결해준 비즈니스북스의 김민혜 편집자에게 깊은 감사 인사를 보냅니다.

2020년 4월

이화선

차례

제1장

첫 번째 질문
나는 관찰하는가

제2장

두 번째 질문

나는 모방하는가

제3장

세 번째 질문

나는 몰입하는가

제4장

네 번째 질문
나는 실행하는가

제5장

다섯 번째 질문
나는 함께하는가

제1장

첫 번째 질문

。

나는 관찰하는가

그는 아이들이 감각을 다루고 충족하고 싶은 욕구가 커서 한시도 가만히 있지 못하는 것에 대해 자주 이야기했다. 그는 바닷가 하늘을 끊임없이 바라보며 별들의 움직임, 구름, 빛을 관찰하고 그리는 것을 즐겼다. 돌멩이, 꽃, 모든 종류의 딱정벌레를 수집하고 다양한 방식으로 늘어놓았다. 인간과 동물에 대해 경의를 표했고, 백사장에 앉아 조개들을 찾았다. …그는 배회하며 다른 나라의 바다, 공기, 낯선 별들, 무명의 동식물, 그리고 사람들을 눈여겨보았다. …그는 들었고, 보았으며, 만졌고, 동시에 생각했다. 낯선 것들을 관계 지을 수 있어 즐거웠다. 그에게 별들은 곧 인간이었고, 인간은 곧 별이었으며, 돌멩이는 동물, 구름은 식물이었다.[2]

_노발리스 Novalis

"모든 지식은 관찰에서부터 시작한다." 위대한 인물들이 어떻게 창의적으로 생각했는지를 다룬 책 《생각의 탄생》 속 첫 번째 생각도

구의 첫 문장입니다. 저 역시 이 문장을 첫 문장으로 적은 까닭은 관찰이 생각의 도구로서 얼마나 중요한지를 강조하고 싶었기 때문입니다. 또 그렇게 중요함에도 불구하고 제가 십수 년간의 교육을 받는 동안 누구도 제대로 알려준 기억이 없기 때문이기도 합니다. 그만큼 우리의 교육 현장에서는 관찰과 지식의 연관성을 진지하게 다루지 않습니다.

흔히 관찰이라고 하면 매우 쉽고 익숙한 행위로 생각합니다. 하지만 깊숙이 들여다보면 그리 간단한 것이 아닙니다. 많은 창의적인 인물들조차도 자신이 잘 보지 못한다고 여겼고 관찰력이 뛰어난 사람이 되기를 열망했죠. 빈센트 반 고흐는 "나의 목표는 써 내려가듯 쉽게 뭔가를 그리는 것이었고, 자신이 본 것을 나중에 마음대로 재현할 수 있도록 잘 보는 능력을 갖는 것이었다."라고 말했습니다. 동생 테오에게 보낸 편지에서 그의 갈망과 지리한 훈련의 과정을 엿볼 수 있습니다(훗날 반 고흐는 낮에 살펴본 풍경이나 대상을 집에 돌아와 한번에 그려낼 수 있게 되었으니 결국 그의 열망이 이뤄진 셈입니다). 미국의 과학자이자 발명가인 그레이엄 벨은 말년 어느 강단에서 "누구나 평생 눈을 감은 채 살고 있어 우리 주변과 발밑에는 한 번도 본 적 없는 것들이 널려 있다."라며 제대로 보지 못하는 안타까움을 표현했습니다.

이렇듯 관찰이 생각만큼 쉽지 않은 과정이라는 점을 인식할 필요가 있습니다. 창의적인 삶에 꼭 필요한 능력이라는 점도 깨달아야겠죠. 창의적인 사람은 본래 관찰하는 것을 좋아합니다. 스스로 잘 보지 못하는 사람으로 치부하기도 하지만, 그들이 일상에서 최고의 아이디어를 찾아내는 뛰어난 관찰자라는 사실을 부정하기 힘듭니다. 레오나르도 다 빈치가 자신이 이룬 모든 창의적 업적의 비밀은 '사페르 베데레'*saper vedere*, 즉 '보는 법을 아는 것'knowing how to see에 있다고 한 것처럼 말이죠.

창의적인 문제 해결은 남들이 무심코 지나쳤던 현상이나 문제를 발견하는 것에서부터 시작합니다. 아이디어의 단초는 남들이 보지 못한 정보를 모으고 수집하는 행위에서 비롯합니다. 이러한 일련의 과정들을 이끄는 핵심 기술이 바로 '관찰'입니다. 그만큼 관찰은 창의적인 삶의 출발점으로 삼기에 참 좋은 주제지요. 이 책을 시작하는 첫 번째 장에서 바로 그러한 관찰의 다양한 이야기를 펼쳐볼까 합니다.

당신은 주변의 것들을
잘 보나요?

당신은 주변의 사물이나 현상을 잘 보나요? 남다른 관찰력을 가졌다
고 자부할 정도는 아니더라도, 우리는 대체로 자신이 주변의 사물이
나 현상을 잘 보고 인지한다고 생각합니다. 다음의 간단한 테스트를
통해 자신의 관찰력을 한번 시험해보도록 하죠. 먼저 타이머를 10초
로 설정해두고 아래 영어 문장에서 알파벳 'F'의 개수를 세어보세요.

FINISHED FILES ARE THE RE

SULT OF YEARS OF SCIENTI

FIC STUDY COMBINED WITH

THE EXPERIENCE OF YEARS

몇 개인지 잘 세어봤나요? 정답을 바로 말씀드리죠. F의 개수는 모두 여섯 개입니다. 대부분의 사람은 세 개나 네 개라고 대답해요. 왜 그럴까요? 'OF'의 'F'를 'V'(소리음)로 인식하거나 'OF'를 생략해서 읽는 경향이 있기 때문이죠. 물론 영어권 사람들에게서 이런 경향이 더 심한 것을 확인할 수 있습니다.

이와 유사한 테스트로, 아주 유명한 '투명 고릴라 실험'invisible gorilla experiment이 있습니다. 우선 검은 옷과 흰 옷을 입은 여러 사람이 어울려 농구공을 주고받는 모습을 보여주면서 그중 흰 옷을 입은 사람들의 패스 횟수를 세어보라고 하죠. 집중해서 그 수를 세는 동안 영상이 끝나고 나면 난데없이 "고릴라를 보았냐?"는 질문이 던져집니다. 사실 영상 속에는 우스꽝스러운 고릴라 분장을 한 사람이 대놓고 등장해요. 심지어 이리저리 움직이고 춤을 추다가 사라집니다. 하지만 놀랍게도 패스 횟수를 세는 데 집중한 나머지, 절반 이상의 사람이 고릴라 분장을 한 사람을 보지 못하죠(만약 이 영상을 직접 보고 싶다면, 구글이나 유튜브 채널에서 '투명 고릴라 실험'을 검색해보면 다니엘 시몬스Daniel J. Simons 박사가 진행한 실험 영상자료를 쉽게 찾을 수 있습니다). 고릴라를 보지 못했다는 사람들에게 다시 한번 영상을 보여주면, 자신이 보지 못했다는 사실을 믿기 어려워합니다. 왜 이런 현상이 벌어질까요? 공만 쫓느라 고릴라에 시선을 주지 못해서 그럴까요? 실험을 진행한 연구진이 동공 추적 장치를 달아 확인한 결과는 더욱 놀랍습

니다. 고릴라에게 시선이 향했던 사람들조차도 고릴라를 못 보았다고 답했거든요.[3]

　이 실험의 결과는 우리 시선이 어떤 존재를 향하더라도 뇌가 예상하지 못하면 명백한 대상을 우리가 보지 못한다는 것, 즉 무주의 맹시inattentional blindness를 증명합니다. 우리는 의외로 주변이나 사물을 잘 '보지' 못합니다. 보고 있어도 보지 못하고, 어떤 때는 보지 않고도 인식합니다. 화가 제스퍼 존스Jasper Johns가 "어느 순간 내가 주변에 있는 것을 잘 보지 않는다는 것을 알게 되었다. 그럼에도 난 그것들을 인식한다. 제대로 보지 않아도 인식하는 것이다."라고 말한 것처럼 말이죠.

우리가 늘 익숙한 것만 보는 이유

우리는 두 가지 방식으로 대상을 봅니다. 하나는 대상 자극이 시지각을 통해 들어오는 상향식bottom-up 방식이고, 다른 하나는 자신의 기존 인지 체계에 따라 대상을 보고 해석하는 하향식top-down 방식입니다. 후자의 방식으로 대상을 볼 경우 우리는 정보를 객관적으로 받아들이지 않습니다. 그 대신 기존 인지 체계와 일치하거나 자신에게 유리한 측면을 선택적으로 받아들입니다. 이는 뇌가 시각 정보를 왜곡한다는 사실을 의미합니다.

이러한 하향식 방식이 우리의 시각 체계에 강하게 자리 잡고 있으므로, 대상을 있는 그대로 보는 것은 쉬운 일이 아닙니다. 앞서 살펴본 투명 고릴라 실험처럼 자신이 보고 싶은 것만 보거나(편향) 놓치

는 부분이 생기게 되는 것이죠(맹시).《우아한 관찰주의자》를 쓴 에이미 허먼Amy E. Herman은 "우리가 뭔가를 보면서도 보지 못하는 맹시 현상은 우리가 예상하지 못했거나 지나치게 익숙할 때 나타난다."고 했습니다.

여러분은 위 사진에서 무엇이 보이나요?

이 사진은 실제 '소'를 찍은 것입니다. 이제 대상이 무엇인지 알았으니 사진을 다시 보면 소가 잘 보일 겁니다(만약에 소가 잘 보이지 않는다면 28쪽을 살펴보세요).

자, 그럼 이번에는 의식적으로 소를 보지 않으려고 해보세요. 어떤가요? 아까는 아무리 보려 해도 보이지 않던 소를 이제 더 이상 보지

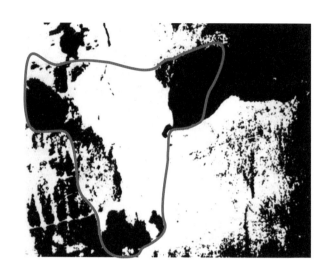

않을 수 없을 겁니다. 지금 여러분이 경험하고 있는 것이 바로 우리가 하향식의 방식으로 대상을 본다는 강력한 증거입니다. 새로운 지식이 너무 강렬한 나머지, 우리가 보는 것에 영향을 주는 것이지요. '아는 만큼 보인다'는 말도 이러한 하향식의 방식에 해당된다고 할 수 있습니다.

연구자인 제가 항상 경계하는 심리학적 현상이 있습니다. 바로 실험자 편향experimenter bias 입니다. 이는 연구자가 특정한 연구 결과를 몹시 원하면 그러한 결과가 나오지 않더라도 실제로 그것을 확인했다고 착각하거나, 반대의 경우 실제 원하던 결과가 나와도 정작 보지 못하는 현상입니다. 이 또한 우리의 인지 체계가 대상을 보는 행위에 영향을 주는 방식에서 야기되는 것입니다. 따라서 현상을 객관적으로 관찰하지 않으니 연구 결과는 당연히 신뢰도와 타당성을 잃게 됩니다.

인간은 아는 것이 많아지고 익숙해질수록 자신의 인지 체계에 맞춰 대상을 왜곡하는 하향식의 방식으로 세상을 보는 경향이 강해집니다. 한편 창의적인 발견은 대부분 일상에서 새로운 무언가를 찾아내는 것입니다. 일상의 장면을 모두 안다고, 별것 없다며 간주하고 바라보면 결코 새로운 발견을 할 수 없겠죠. 우리의 뇌가 실제로 그렇게 만들어버리니까요. 그러니 관찰은 곧 습관이자 훈련해야 하는 생각의 도구입니다.

무언가를 '관찰한다'는 것

— 　　　　눈앞에 두고 보면서도 제대로 보지 못하는 현상을 말하는 인지적 맹점은 시각 전달 체계의 문제(오류)가 아닙니다. 이는 사실 인간의 중요한 적응 능력이며 뇌의 놀라운 효율성을 보여주는 증거입니다.[4] 우리는 세상에 넘쳐나는 모든 자극과 정보를 다 볼 수도 없고, 또 그래서도 안 됩니다. 무엇보다 선택적으로 주의를 집중하는 대상 이외의 것은 인지할 수 없다는 점을 인식해야 합니다.

그래서 자신이 '무엇에' 집중해야 하는지를 알아야 합니다. 자신의 일상이 특별하지 않다는 생각 때문에 아무것도 보지 못한다는 사실을 인식하는 것, 익숙함 속에 숨어 있는 새로움에 다시 집중해보는 것. 이것이 창의적 삶을 살아가기 위한 관찰의 시작입니다.

그렇다면 '관찰한다'는 것은 무엇일까요? 이창동 감독의 영화 〈시〉를 보면 김용택 시인이 등장해 '사과를 본다'는 행위에 대해 설명하는 장면이 있습니다.

여러분은 사과를 몇 번 보았나요? 천 번? 만 번? 백만 번? 아니요. 여러분은 지금까지 사과를 '한 번도' 본 적이 없습니다. 진짜로 본 게 아니에요. 사과를 알고 싶어서 관심을 가지고, 대화하고 싶어서 만지고 싶어서 보는 것이 진짜 사과를 보는 것입니다. 사과의 그늘도 관찰하고 이리저리 만져도 보고, 뒤집어도 보고, 한입 베어 물어보기도 하고, 사과에 스민 햇볕도 상상해보고. 무엇이든 진짜로 보게 되면 자연스럽게 다가오는 것이 있어요. 삶에 물이 고이듯이….

시인의 말처럼 우리는 사과 하나조차 제대로 본 적이 없을지 모릅니다. 관찰은 수동적으로 바라보는 행위가 아닙니다. 의도적이고 적극적으로 자신의 일상에 관여하는 행위입니다. 따라서 사과를 제대로 보려면 애정을 가지고, 만져보고, 베어도 보고, 물어도 보고, 그늘과 스민 햇볕도 생각해봐야 하는 것처럼 관찰은 관심과 애정을 가지고 모든 감각을 집중시켜 대상에 대한 정보를 모으는 것이지요. 즉 관찰이라는 방법으로서의 감각, 관찰의 대상으로서의 일상, 관찰이라는 행위로서의 기록과 수집. 이것이 바로 관찰의 키워드입니다.

모든 감각을 쓸 때
다르게 보이는 것들

간단한 관찰을 한번 해볼까요? 먼저 종이와 펜을 준비하고, 약 5분 동안 옆 페이지에 있는 오렌지 이미지를 평소 자신의 방식대로 관찰해보세요.

일차원 이미지이긴 하지만, 지금 실제로 손에 오렌지를 쥐고 있다고 상상하면서 최대한 자세히 관찰해보세요. 또는 주변에 있는 실제 사물 하나를 골라 관찰해도 좋습니다. 그런 다음 자신이 관찰한 것들을 자유롭게 적어봅시다.

관찰의 기본은 대상에 집중해 대상이 지닌 '정보'를 인식하는 것입니다. 그러기 위해서는 자신의 감각을 적극적으로 활용해야 합니다. 실제 제 강의 내용 중 관찰을 연습하는 수업에서는 먼저 별다른 특징

을 발견할 수 없는 과일이나 음료수를 나눠줍니다. 그리고 평소 자신이 하던 방법으로 대상을 관찰해보는 활동으로 시작하죠. 앞에서 시도했던 오렌지를 관찰해보는 활동처럼요. 여러분은 무엇을, 어떻게 관찰했나요?

관찰은 눈으로만 하는 것이 아니다

_   관찰 활동을 제안하면 보통 사람들은 자신에게 주어진 대상을 열심히 '바라보기만' 합니다. 심지어 음료수에 붙은 라

벨을 읽으며 성분 분석까지 하는 경우도 있어요. 그러나 맛을 보거나 흔들어보거나 냄새를 맡거나 과일 껍질을 까는 소리를 듣는 경우는 거의 없습니다. 우리가 관찰이라는 행위에 대해 어떤 인식을 가졌는 지를 잘 보여주는 예죠. 즉 우리는 관찰이라는 행위를 눈으로 대상을 열심히 보는 것으로만 한정 짓습니다. 인간의 오감五感 중 특히 시각이 가장 발달했다고 알려져 있죠. 그래서 아무래도 눈에 보이는 것을 중심으로 대상을 이해하려는 경향이 강할 수밖에 없습니다.

감각에 관한 인상 깊은 에피소드가 하나 더 있습니다. 언젠가 유치원 교사 교육을 나갔다가 좀 일찍 도착해서 아이들이 하원하는 모습을 지켜본 적이 있습니다. 한 아이가 똑같은 모양의 코트 여러 개가 걸려 있는 옷장으로 달려가더군요. 그러더니 이내 코트들에 얼굴을 파묻고 냄새를 맡더니 하나를 꺼내 들고는 이렇게 말했습니다. "선생님, 이거 내 거 맞죠?" 꽤 오래된 경험임에도 흡족스러운 듯 씩 웃는 아이의 얼굴이 생생히 떠오릅니다. 사실 후각과 촉각으로 자신의 옷을 찾은 아이의 행동이 특별한 것은 아닙니다. 그 시기의 아이들은 대체로 세상의 정보를 다양하고 예민한 감각으로 인지하니까요. 우리도 어린 시절엔 지금보다 더 예민한 감각으로 세상을 느꼈었습니다. 그런데 왜 지금의 우리는 시각에만 의존하게 된 것일까요? 물론 시각조차 제대로 활용도 못 하면서요.

이렇듯 관찰은 눈으로만 하는 것이 아닙니다. 창조적인 관찰자들을 보면 그들이 모든 종류의 감각 정보를 예민하게 활용한다는 것을 알 수 있습니다. 헬렌 켈러의 일화 하나를 들려드릴게요. 그녀가 우연히 숲에 다녀온 사람에게 거기서 무엇을 보았는지 물었습니다. 그 사람이 "별것 없다."고 대답하자 헬렌 켈러는 안타까워하며 이렇게 말합니다. "떡갈나무 기둥을 만질 때와 자작나무 기둥을 만질 때의 느낌이 완전히 다르고, 나뭇잎은 오묘하게 균형이 잡혀 있고, 폭신하게 밟히는 낙엽과 새, 바람, 물소리까지 모든 게 엄청난 세계인데, 왜 별것 없다고 하는 거죠?"[5]라고요. 손의 감각만으로도 세상의 아름다움을 느끼고 즐거움을 얻어내는 그녀는 우리가 당연하다고 생각하는, 특별하게 인식하지 않는 감각이 얼마나 대단한 것인지를 알려주고 싶지 않았을까요.

감각을 일깨우는 방법

— 앞서 말한 것처럼 관찰은 대상의 정보를 수집하는 과정입니다. 활용할 수 있는 모든 감각을 동원해서 대상을 관찰하면 더 새롭고 많은 정보를 끌어낼 수 있습니다. 강의를 해보니 눈으로 보는 데만 익숙해져 있는 사람을 다른 감각들에도 집중하게 만들려면 다소 강제적인 방법을 쓸 필요가 있더군요. 실제 강의에서 활용하

던 활동을 하나 소개해보죠. 학생들을 청각, 후각, 미각, 촉각, 시각 중 하나의 감각만을 사용할 수 있는 그룹으로 나누고 귤을 관찰하게 했습니다. 시각 이외의 감각을 맡은 학생들은 눈가리개를 하고 귤을 충분히 관찰한 뒤, 귤에 대한 정보와 느낌을 기록했습니다. 청각을 맡은 학생들은 귤을 튕겨보고 부위별로 긁거나 뜯어보고, 촉각을 맡은 학생들은 품어보고 쓰다듬어보고 손으로 구멍을 냈습니다. 당연히 청각을 통해 얻은 귤에 대한 정보와 시각이나 촉각을 통해 얻은 정보는 상당히 다릅니다. 이런 모든 감각을 통해 얻은 귤에 대한 '풍부한' 정보가 합쳐져야 진정한 귤이 되는 것이지요. 남들이 활용하지 못한 감각을 사용해 관찰할수록 남들이 보지 못한 '눈에 덜 띄는 중요한 특성'을 발견할 수 있습니다. 이렇게 얻은 정보들이 곧 창의적인 아이디어의 근간이 됩니다.

제가 추천하는 또 다른 감각 훈련 활동은 사진이나 그림을 눈으로만 보지 않고 그 장면에서 느껴지는 냄새, 소리, 촉감을 떠올려 기록하는 것입니다. 흥미롭게도 우리는 생각만으로 감각을 경험할 수 있습니다. 상상만으로 빗소리를 들을 수 있으며, 풀냄새를 맡을 수 있고, 레몬의 맛도 느낄 수 있습니다. 지금 바로 여러분도 함께 해보도록 하죠. 옆에 사진이 한 장 있습니다. 사진 속 상황을 시각 외의 감각(청각, 후각, 미각, 촉각)을 동원해 관찰해볼 겁니다. 단 한 번에 하나의 감각에만 집중해 떠오른 내용을 적어보세요.

관찰 예시

청각: 비 내리는 소리, 비가 우산에 부딪히는 소리, 건물에서 비가 떨어지는 소리, 알루미늄 간판에 빗방울 떨어지는 소리, 주차장 쪽에서 자동차가 시동을 거는 소리, 택시를 부르는 소리, 간간이 들리는 사람들의 말소리, 젖은 도로 위로 타이어가 굴러가는 소리, 차가 지나가면서 물웅덩이를 밟고 빗물이 차바퀴에 튀는 소리, 와이퍼 움직이는 소리, 자동차 브레이크 밟는 소리, 비에 젖은 길을 걸을 때 나는 찰박거리는 소리, 전철 소리, 실외기 돌아가는 소리, 전차가 다가오는 소리, 공사장에서 윙윙거리는 드릴 소리, 공사장 폐기물을 트럭에 싣거나 내리는 소리, 자동차들의 경적 소리, 매장에서 흘러나오는 노랫소리와 호객하는 소리, 가게 문 여닫는 소리, 건물에서 나오는 사람들이 우산 펼치는 소리, 아파트에서 들려오는 일상의 소리, 카메라 셔터 소리…

후각: 퀴퀴하고 비릿한 비 냄새, 비에 젖은 아스팔트 냄새, 차 근처에서 심하게 나는 배기가스 냄새, 차도의 트램 선로에서 나는 쇠 냄새, 비에 젖은 흙냄새, 공사장에서 시멘트 부술 때 나는 흙먼지 냄새, 비가 올 때 올라오는 하수구 냄새, 덜 마른 우산의 냄새, 우산 손잡이에서 나는 쇠 냄

새, 서점에서 나는 잉크와 책 냄새, 화장품 매장에서 나는 화장품 냄새, 바람을 통해 퍼지는 식당과 길거리 음식의 고소한 냄새, 음식점 뒤 환풍기에서 나는 기름 찌든 냄새, 건물 뒤에서 직원들이 피는 담배 냄새, 지나가는 사람에게서 나는 향수 냄새…

미각: 쓰고 비릿한 맛이 날 것 같은 빗물, 길을 걸으며 마시는 커피의 맛, 삼키는 침의 느낌 없는 맛, 길거리 음식의 기름진 맛, 점심으로 먹었던 음식의 뒷맛, 매연과 먼지가 뒤섞인 공기에서 나는 흙맛…

촉각: 비가 와서 느껴지는 눅눅함, 습한 날씨와 더불어 실외기에서 뿜어져 나오는 더운 바람, 플라스틱 우산대의 딱딱하고 매끄러운 감촉, 한 방울씩 떨어지는 빗방울의 차가움, 웅덩이를 밟을 때 조심히 첨벙거리는 느낌, 비에 젖은 왼쪽 어깨의 찝찝함, 물이 스며든 신발의 축축함, 갑자기 부는 바람에 젖는 옷의 축축함, 무겁고 축축한 공기, 쌓인 먼지가 날리며 느껴지는 텁텁함, 공사장 먼지에 따가운 눈, 비에 젖은 자동차 표면의 축축함, 카메라를 쥐고 있는 손가락의 감촉, 가죽 느낌의 자동차 핸들, 물기 있는 쇠의 미끄러움, 좁은 인도에서 지나가는 사람의 어깨와 부딪치며 생긴 통증…

모든 감각을 활용해 사진 속 풍경을 관찰하고 그곳에서 느껴지는 것을 기록해보니 어떤가요? 단순히 눈으로 보았을 때보다 사진의 공간을 더 생생하게 바라볼 수 있었을 겁니다. 제 수업 시간에 이 방법을 적용해본 적이 있는데, 한 학생이 이렇게 말하더군요. "처음에는 단순히 떠오르는 것을 후다닥 적고 끝내려 했는데, 자신도 모르게 감각에 자연스럽게 집중하게 됐다."고요. 또 그러다 보니 정말로 자신이 그곳에 있는 것처럼 느껴지기 시작하면서 사진 속 이미지가 단순히 한 장의 종이가 아닌 삼차원적인 공간으로 다가왔다고 해요. 그 수업을 들은 후부터 그 학생은 자신이 가보지 않은 곳을 여행한 친구들에게 사진을 받아 관찰하면서 떠오르는 심상을 꾸준히 적어보는 활동을 하고 있다고 합니다. 이렇게 관찰하는 연습을 꾸준히 한다면 자신이 가진 모든 감각을 더욱 잘 깨울 수 있을 것입니다.

시각적 관찰력을
뛰어나게 만드는 법

오감에 대해 이야기하느라 시각을 조금 등한시한 것 같죠? 우리가 평소 시각에만 의존하는 경향이 있다는 것을 확인하기 위해 다른 감각을 먼저 강조해 이야기했지만, 앞서 말했듯 관찰을 하는 데 있어서 시각 자체도 잘 활용하지 못하는 경우가 많습니다.

　시각은 관찰 활동에서 제일 중요한 감각입니다. 눈으로 본 자극(정보)을 처리하는 과정에서 뇌의 25퍼센트와 뇌의 모든 경로의 65퍼센트 이상이 관여한다고 합니다.[6] 이는 뇌가 다른 감각에 관여하는 비율보다 월등히 높은 것입니다. 이러한 사실만으로도 시각이 얼마나 중요한지 알 수 있어요. 그렇다면 이제 어떻게 시각적 관찰력을 높일 수 있는지에 대한 이야기를 시작해보겠습니다.

본 것을 '직접' 그려본다

—   몇 년 전《과학자의 관찰 노트》라는 책을 읽었습니다. 과학자들은 어떻게 관찰하는지 궁금해서 집어 들었는데, 놀랍게도 책에는 관찰한 내용을 그림으로 그려 기록을 남기는 드로잉drawing에 대한 이야기가 상당 부분을 차지하고 있었습니다. 전문적인 미술 기법보다는 일반인들도 몇 가지 방식만 익혀서 실천할 수 있는 '기록으로서의 드로잉'에 대해 다루고 있었습니다. 또 손쉽게 사진을 찍어 기록하는 것보다 손으로 직접 그리는 것이 대상을 더욱 세밀하게 관찰하고 기록할 수 있다는 점을 실제 사례와 함께 제시하는 부분이 굉장히 흥미로웠습니다.

동물학자이자 예술가인 조너선 킹던Jonathan Kingdon은 어린 시절, 읽기와 쓰기가 아닌 자연을 직접 그리는 것을 어머니에게 배웠다고 합니다. 그가 들려주는 일화를 하나 소개해보죠. 다섯 살 때쯤 그의 어머니가 뜰에 있는 아카시아 나무를 그에게 그려보게 하더니, 그의 그림을 보며 이렇게 말했습니다.

"멋지구나! 하지만 줄기가 자라면서 어떻게 가늘어지는지를 보았니? 가지들이 옆으로 길게 늘어진 것을 눈여겨보렴. 저쪽에 가지들이 모두 가파르게 위로 뻗은 협죽도와는 모양이 다르지? 지금 그린 것을 지우지 말고 두었다가 다음에 네가 그린 그림과 비교해보렴."[7]

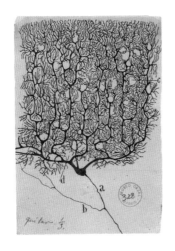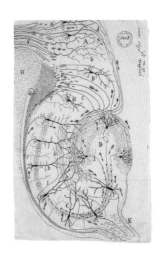

○ 라몬 이 카할의 세포 드로잉

킹던은 이처럼 '사물을 잘 보고 그린 후 비교해보라'는 어머니의 말이 과학을 공부하는 사람들이라면 반드시 갖춰야 할 기본자세였음을 나중에야 깨달았다고 덧붙였습니다.

여러분은 어떤가요? 그림을 자주 그리나요? 사실 그림을 그리는 행위 자체가 굉장히 어색한 사람이 많을 겁니다. 미술 관련 전공자가 아니라면 일상 속에서 그림을 그리는 경우는 드물지요. 그런데 시각적 관찰력을 높이는 여러 훈련 방법에서 공통적으로 강조하는 부분이 있습니다. 바로 대상을 직접 그려보는 것, 즉 드로잉입니다. "그림을 그리는 것은 소설을 쓰는 일에 굉장히 도움이 된다."는 윈덤 루이스

Wyndham Lewis의 말이나, "묘사는 현상 전체를 보게 하므로, 제대로 관찰하려면 반드시 스케치를 해야 한다."는 산티아고 라몬 이 카할Santiago Ramón y Cajal(스페인 신경해부조직학자, 노벨 생리·의학상 수상자)의 말처럼요.

본 것을 '떠올려' 그려본다

— 혹시 여러분은 얼룩말이 실제 어떻게 생겼는지 알고 있나요? 좀더 정확하게는 얼룩말의 '무늬'가 어떻게 생겼는지 말이죠. 막상 어떤 대상을 일러주고 머릿속으로 떠올려보게 하면 실제와는 다른 모습으로 그려질 때가 종종 있습니다. 언젠가 제 아들이 저에게 얼룩말을 그려달라고 한 적이 있습니다. 그것도 실물처럼 멋지게 말이죠. 당연히 쉽게 그릴 수 있을 거라 생각하고 호기롭게 연필을 잡았는데 막상 그리려 하니 못 그리겠더군요. '말갈기가 무슨 색이지? 검정색인가? 하얀색인가? 코는 무슨 색이지? 얼굴 무늬는? 엉덩이 부분도 세로 무늬인가?' 연필을 쥔 손을 움직여보려고 했지만 얼룩말의 이미지가 전혀 생각이 나질 않았어요.

좀처럼 어떻게 그려야 할지 감이 잡히질 않아서 아이 몰래 스마트폰으로 얼룩말 사진을 찾아보았습니다. 갈기는 얼룩 무늬였고, 얼굴

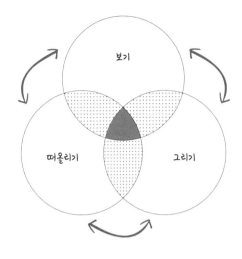

○ 시각적 사고의 세 가지 요소

무늬는 대칭이었고, 몸 앞쪽 줄무늬는 세로, 엉덩이쪽과 다리 무늬는 가로였습니다. 그런데 그 순간 흥미로운 점을 깨달았습니다. 짧은 찰나의 시간 동안 얼룩말 사진을 보면서 평소와 달리 '제대로' 관찰하고 있다는 느낌을 받은 것이죠. 왜 그랬을까요? 대체 어떤 차이가 있는 것일까요?

시각적 관찰력은 시각적 사고visual thinking와 연결되어 있습니다. 《시각적으로 사고하기》Thinking visually를 쓴 로버트 맥킴Robert Mckim에 따르면, 시각적 사고는 보는 것seeing, 그리는 것drawing, 떠올리는 것imaging, 이렇게 세 가지 종류의 시각적 심상으로 이루어져 있다고 합니다.[8] 시각적 사고에 능숙한 사람은 세 가지 종류의 심상을 유연하게 이용합니다. 또 그들은 보는 것, 떠올리는 것, 그리는 것이 서로 상호작용한다는 사실을 잘 알고 있습니다. 어떤 대상을 잘 보면 그리는 일이 편해지고 상상할 수 있는 대상을 제공해준다는 것. 어떤 대상을 그려보면 자신이 본 것을 더욱 뚜렷하게 머릿속에 남길 수 있으며, 그 대상을 더욱 분명하게 떠올릴 수 있다는 것. 어떤 대상을 떠올리면 더 잘 보고 싶고, 그리고 싶은 충동을 일으킨다는 것을 말이죠. 이러한 세 가지 심상을 제가 얼룩말 사진을 관찰했던 경험과 연결해볼까요? 제가 얼룩말 사진을 잘 볼 수 있었던 것은 '그리기 위해서' 무엇을 볼지 생각하고, 머릿속으로 대상을 '떠올리면서' 보았기 때문입니다.

앞서 잠시 살펴본 라몬 이 카할의 관찰 스케치들(43페이지 참고)은 일반적인 표본 사진과 많이 다릅니다. 세포의 본질을 잘 포착해 그려냈기 때문에 신경 조직을 공부하는 사람들이 필수적으로 참고하는 자료라고 합니다. 그의 드로잉 과정에서 놀라운 점이 또 하나 있습니다. 세포를 현미경으로 보면서 바로 스케치를 한 게 아니라는 것이죠. 그는 현미경으로 뇌와 척수 부위를 관찰하면서 오전을 보냈고(보고 떠올리는 과정), 점심 식사 이후에는 자신이 기억하고 있는 것을 그려본 후 다시 실물을 관찰하며 차이점을 분석하고 다시 (보지 않고) 그리는 과정을 반복했다고 합니다. 즉 보고, 떠올리고, 그리는 과정으로 진행된 것입니다.

흥미롭게도 라몬 이 카할의 작업 과정은 화가 앙리 마티스가 말한 이상적인 그림 수업의 방식과 동일합니다. 마티스는 그림 수업을 3층 짜리 스튜디오에서 작업을 진행하는 방식에 비유했는데요. 1층에서 모델을 관찰하는 수업을 하고, 2층에서는 관찰한 모델을 그리는데 필요에 따라 다시 1층에 내려와 모델을 보고 갈 수 있는 수업을 하고, 3층에서는 아예 모델을 보지 않고 그림을 그리는 수업을 하는 것이었죠.[9]

보는 것과 형상화 과정을 연결하는 드로잉 활동은 시각적 관찰력을 높이는 데 도움이 됩니다. 먼저 눈앞에 보이는 사물을 보고 머릿속에 대상을 그려보면서 기억에 담으려고 해보세요. 그리고 그 대상을 보지 않고 종이에 그려보는 겁니다. 다시 사물을 관찰하면서 어떤 차이가 있는지 비교해본 후, 대상을 보지 않고 다시 그려봅시다. 시각적 사고가 무엇인지, 잘 본다는 것이 어떤 의미인지 되새기면서 말이죠.

일상 속
'다름'을 발견하다

잘 보는 것이 이토록 중요하다면 우리는 무엇을 관찰해야 할까요? 바로 자신의 주변과 일상입니다. 주변에 관찰할 만한 대상이 눈에 잘 띄지 않는다고요? 물론 매일 걷는 길, 매일 마주하는 사람, 매일 보는 사물들처럼 익숙한 환경에서 새로운 무언가를 발견하기란 쉽지 않습니다.

《관찰의 인문학》을 쓴 알렉산드라 호로비츠Alexandra Horowitz 교수는 자신이 사는 동네의 길을 열두 번이나 반복해서 걸었습니다.[10] 단순히 걷기만 하는 것이 아닙니다. 그녀는 19개월 된 아들, 지질학자, 타이포그래퍼, 곤충학자, 도시사회학자, 시각장애인, 의사 등 각양각색의 개성 넘치고 전문적 시각을 지닌 사람들과 함께 동네길을 관찰하며 걸었습니다. 걷기를 통해 평소 쉽게 놓치고 사는 일상적인 장면들을 포착하는 경험을 책을 통해 공유했습니다. 일상적인 행위인 동네 산책에 여러 전문가들을 끌어들여 그들의 관점을 빌린다는 점이 무척 신선했습니다.

일상을 다르게 보는 법

— 관찰 대상으로서의 일상을 이야기할 때 늘 소개하는 글이 있습니다. 바로 라이너 마리아 릴케의 《젊은 시인에게 보내는 편지》입니다. 어느 한 시인 지망생이 그에게 어떻게 하면 좋은 시인이 될 수 있는지를 묻는 편지를 보내왔고, 릴케는 이렇게 답장을 썼습니다.

> 누구나 즐겨 택하는 일반적인 주제는 피하고 당신 자신의 평범한 생활에서 얻는 주제를 택하십시오. …주위의 사물들, 당신 꿈의 영상, 추억의 대상들을 이용하십시오. 당신의 생활이 비록 빈약하게 보일지라도 그것을 탓하지 말고 평범한 생활이 갖는 풍요로움을 끌어낼 수 있는 시인이 못 되는 자신을 탓하십시오. 창조하는 자에게는 가난이 없으며, 그냥 지나쳐버려도

좋을 하찮은 장소란 없기 때문입니다.[11]

릴케가 편지에 쓴 "창조하는 자에게 가난이 없으며, 그냥 지나쳐 버려도 좋을 하찮은 장소란 없다."라는 말이 무척 인상 깊지 않으세요? 이 말은 짐 자무쉬 감독의 영화 〈패터슨〉Paterson에서 버스운전사이자 시인인 주인공 패터슨이 보여준 행동과도 연결됩니다. 패터슨은 단순한 일상에서 보고 겪은 것을 항상 시로 써 내려가는데요. 어느 날 그는 아침에 시리얼을 먹다가 식탁 한쪽에 놓인 성냥갑을 바라보고 집어 듭니다. 그 성냥갑에는 오하이오 블루 팁 성냥OHIO BLUE TIP MATCHES이라는 글자가 확성기 모양으로 인쇄되어 있습니다. 그리고 그날 버스 운전석에 앉아 아침에 봤던 성냥갑에 관한 사랑 시를 적어 내려갑니다.

우리 집에는 성냥이 많다.

요즘 우리가 좋아하는 제품은

오하이오 블루 팁.

진하고 옅은 청색과 흰색 로고가

확성기 모양으로 쓰여 있어

더 크게 외치는 것 같다.

"여기 세상에서 가장

아름다운 성냥 있어요.

차분하고도 격렬하게

오롯이 불꽃으로

타오를 준비가 되어

사랑하는 여인의 담배에

불을 붙일지도 몰라요.

난생처음이자 앞으로도

다시 없을 불꽃을."

_영화 〈패터슨〉 중에서

영화 속 등장하는 그의 시들은 일상에서 조금 더 확장되는 정도일 뿐입니다. 결코 화려하지 않아 더욱 좋게 느껴졌습니다. 영화에 쓰인 몇 개의 시는 실제 짐 자무쉬 감독이 직접 쓴 시라고 하더군요. 시를 쓰는 버스 운전사 이야기를 통해 이 영화는 단조로운 듯한 일상에서 풍요로움을 끌어내는 과정을 잘 보여줍니다.

낯설게 보는 세 가지 방법

—   평범한 일상 속에서 새로움을 잘 발견하려면 어떻

게 해야 할까요? 별스럽지 않은 현상에서 통찰을 얻는 일은 정말 쉽지 않습니다. 앞서 말했듯 우리 뇌가 익숙하다고 인지한 대상에 대해서는 새로운 자극을 발견할 수 없기 때문입니다. 일상에 숨겨진 요소들을 다 안다고, 그냥 별것 없다고 생각하며 바라보면 결코 새로움을 찾아낼 수 없습니다. 그렇다면 그와 반대로 생각하면 될 일 아닐까요? 즉 일상 속 새로운 발견의 핵심은 친숙한 대상을 '낯설게' 만드는 것입니다.

매일 접하는 익숙한 것을 어떻게 낯설게 볼 수 있을까요? 낯설게 하기defamiliarization는 일상화되어 친숙하게 느껴지거나 반복적이고 새로울 게 없는 사물과 관념을 특별하고 낯설게 만들어 신선한 느낌을 갖도록 표현하는 것을 가리킵니다. 창의적인 인물들은 공통적으로 대상을 낯설게 대하기를 강조하는데요. 하지만 언제나 그렇듯 그들은 어떻게 할 수 있는지 그 방법까지 친절히 설명하진 않죠. 우리는 그런 방법들을 그들의 행위나 말 속에서 건져낼 수밖에 없습니다. 제 나름대로 그들에게서 찾아낸 세 가지 방법을 소개합니다.

첫 번째 방법은 '의도적으로 낯설게 보기'입니다. 앙리 마티스는 말합니다. "모든 사물을 볼 때 난생처음 보는 것처럼 보라." 평범한 사람들은 대체 어떻게 모든 사물을 낯설게 본다는 것인지 반문하기 바쁠 겁니다. 그런데 말년의 마티스가 그림을 그리는 모습이 담긴 사진을 보다가 저도 모르게 '아하!'라는 탄성이 나왔습니다.

○ 긴 붓으로 그림을 그리는 앙리 마티스

마티스가 손에 들고 있는 이상하리만치 긴 붓을 보세요. 왜 저런 붓을 들고 있는 걸까요? 그 비밀이 바로 의도적으로 낯설게 보기의 핵심입니다. 그는 오랜 세월 그림을 그린 덕분에 선을 그리는 느낌에 굉장히 익숙해 있었을 겁니다. 그래서 그는 아이가 사물을 처음 대할 때 느끼는 신선함과 순진함을 간직하기 위해 낯섦을 유지할 수 있는 방법을 끊임없이 시도했습니다. 평소 쓰던 방식과는 다른 긴 붓으로, 가위질로, 색채의 변화로 말이지요. 여러분도 평소 잘 쓰지 않는 손으로 자신의 이름을 한번 적어보세요. 어린 시절에 처음 글씨를 쓰던 낯선 느낌이 느껴질 겁니다. 이렇듯 우리는 익숙함 속에서 낯섦을 느낄 수 있는 방법을 스스로 찾아내야 합니다.

실제로 제 지인 중 한 사람은 카메라의 프레임으로 어떤 대상을 보면 익숙한 장면에서도 새로운 스토리를 발견할 수 있다면서 항상 무거운 카메라를 들고 다닙니다. 또 음악을 하는 한 지인은 새로운 악기를 배우는 것에 도전함으로써 자신에게 매우 익숙한 음과 노래를 낯설게 만들 수 있다고 말합니다.

독일의 유명 일러스트레이터 크리스토퍼 니만Christopher Niemann은 일상 속 발견이라는 키워드를 시각적으로 흥미 있게 풀어내는 작가입니다. 그가 세상을 보는 눈을 새롭게 만드는 책 한 권을 소개했는데요.《느림의 발견》The discovery of slowness이란 책입니다. 이 책의 주인공은 사물을 지각하는 속도가 느려 그림자의 움직임까지도 보는 사람입니다. 니만은 주인공의 시선을 따라 책을 읽다가 고개를 들었는데 순간적으로 주인공의 관점으로 세상이 보였다고 합니다. 평소 익숙한 속도의 사물들이 아주 느리게 인식되기 시작하면서 낯섦을 느낀 겁니다.

의도적으로 낯설게 보는 것. 다른 누구보다 이 책을 쓰고 있는 현재의 저 자신에게 와닿는 이야기이기도 합니다. 책을 쓰다 보면 그 과정 속에서 내 안의 지식에만 매몰되기 쉽고, 또 자신이 쓴 글을 반복해서 읽다 보면 오히려 익숙해져서 놓쳐버리는 것이 많습니다. 저 역시 제 글을 낯설게 보려고 노력해야 했습니다. 내가 독자가 되어

○ 르네 마그리트의 〈이미지의 반역〉이 담긴 우표

마치 남이 쓴 글을 처음 읽는 것처럼 말이지요.

두 번째 방법은 '부정하기'입니다. 이 방법은 르네 마그리트의 〈이미지의 반역〉(1929)이라는 그림을 보고 떠오른 것인데요. 그림에는 파이프 하나가 그려져 있고 그 아래에 "이것은 파이프가 아니다." Ceci n'est pars une pipe 라고 적혀 있습니다. 작가가 담고자 했던 심오한 철학적 의미를 모르더라도, 일단 파이프를 파이프가 아니라고 부정하니 그림 속 사물이 낯설게 느껴졌습니다. 이처럼 익숙하고 당연한 대상을 의도적으로 부정하고 나면 (완전히는 어렵겠지만 어느 정도의) 백지 상태에서 대상을 새롭게 경험할 수 있지 않을까요?

부정하기처럼 대상을 낯설게 보는 방법 중에 '색다른 용도법'unusual uses이 있습니다. 이것은 원래 사물이 갖는 용도 외에 다른 용도로 사용할 수 있는 방안을 가능한 한 많이 생각해보는 확산적 사고기법입니다. 보통 아이디어 회의를 할 때 워밍업 활동으로 활용되기도 합니다. 이를 부정하기와 연결하면 평범한 사물을 낯설게 볼 수 있습니다. 실제로 제가 창의적설계연구소CREDITS에서 연구원으로 일할 때 적용해본 방법이기도 한데요. 예를 들어 새로운 카트cart를 기획할 때 부정하기 방법을 적용하면서 '이것은 카트가 아니다'라는 전제를 두고 여러 사람이 아이디어를 모았습니다. '이것은 놀이기구다', '이것은 의자다', '이것은 철창이다', '이것은 트럭이다' 식으로 다양한 대상에 빗대어 다양한 생각들이 쏟아졌습니다.

여러분도 어떤 한 가지 대상을 골라 간단히 연습해보세요. 예를 들어 벽돌의 새로운 용도를 열 가지 적어보는 겁니다. "이것은 벽돌이 아니다. 이것은 ○○○이다."처럼 말이죠. 벽돌의 새로운 용도로 쓸 수 있는 예시는 무궁무진합니다. 무기, 책꽂이, 아령, 젠가, 도미노, 크레파스, 연필꽂이, 화분, 어항, 라면 받침, 베개, 각질제거기, 가습기, 습도측정기, 타악기, 발판, 다리미 등등 무엇이든 벽돌의 새로운 용도가 될 수 있어요. 이렇게 눈앞의 대상을 부정하면서 평범한 사물을 낯설게 보는 것이 바로 부정하기입니다.

세 번째 방법은 '다른 누군가와 같이 보기'입니다. 앞서 소개한 알렉산드라 호로비츠 교수는 일상을 잘 보기 위한 방법으로 타인의 관점을 빌려 낯설게 보기를 권했습니다. 일상적인 장소인 동네를 주의 깊게 관찰하려는 시도의 핵심은 다양한 경험을 가진 전문가들과 함께 산책하면서 그들의 관점에 귀 기울였다는 것입니다. 인간의 주의력에는 한계가 있습니다. 세상의 모든 정보를 주워 담지도 못할뿐더러 각자의 관심 영역에 따라 선택적으로 대상을 보고 말죠. 즉 세상을 볼 때 자신의 관점에서 크게 벗어나지 못한다는 의미입니다. 에이미 허먼 역시《우아한 관찰주의자》를 통해 주변의 대상을 제대로 보기 위한 전략을 소개하며, 다른 사람에게 같이 보자고 부탁하기를 주저하지 말라고 조언합니다.[12] 사람마다 세계를 지각하는 법은 다릅니다. 다른 사람의 눈을 빌려 새로운 것을 발견하는 시도를 해보세요. 이때 가급적 자신과는 관심 영역이나 관점이 다른 사람일수록 좋습니다.

자, 일상을 낯설게 보는 방법들에 조금 익숙해지셨나요? 일상 속에서 쉽게 실천할 수 있으니 지금 당장 주변을 둘러보며 시작해보세요. 평소 가장 익숙한 공간은 어디인가요? 매일 출퇴근하는 사무실 인근은 아닌가요? 매일 지나다니는 지하철역? 아니면 동네길? 어디라도 좋습니다. 수차례 오가는 친숙한 장소를 찾아가서 낯선 눈으로 바라보세요. 일상 속에서 관찰하는 능력을 높일 수 있을 겁니다.

저도 제가 가르치는 학생들과 가장 익숙한 곳 중 하나인 구내식당에서 난생처음 보는 것처럼 공간을 관찰하고 사진을 찍어보는 활동을 진행한 적이 있습니다. 이때 무작정 관찰할 것이 아니라 스스로에게 질문을 던지며 관찰하면 좋습니다. 예를 들면 아래와 같은 질문을 던지면서요.

- 어떤 소리들이 들리는가? 그 소리들을 들었을 때 어떤 느낌이 드는가?
- 그 공간의 바닥은 어떤 형태이고, 어떤 색을 띠는가? 천장은 얼마나 높은가? 다른 높낮이에 시선을 두니 어떻게 느껴지는가?
- 마음에 드는 디자인(콘셉트, 형태, 색 조합 등)은 무엇이고, 그렇지 않은 것은 무엇인가?
- 평상시에는 그냥 지나쳤던 것 중 새로이 느껴지는 불편함이 있는가?
- 그 공간에서 가장 낯선 곳은 어디인가?
- 그 공간을 이용하고 있는 사람들에게서 무엇을 관찰할 수 있는가?

익숙한 곳에서 새롭게 낯설게 다가오는 장면과 요소들을 발견하면 기록하고 사진으로 찍어두어도 좋습니다. 이렇게 관찰하고 질문

하는 방법을 주변에 함께할 수 있는 사람들과 같이해보세요. 각자 관찰한 내용을 공유하고 그 장소에서 느낀 낯섦을 공유해보면 타인의 눈을 빌려보는 경험도 함께할 수 있습니다.

기록과 수집,
나만 볼 수 있는 것들

유홍준 교수의 《나의 문화유산답사기 1》은 이렇게 시작합니다.

"사랑하면 알게 되고 알게 되면 보이나니, 그때 보이는 것은 전과 같지 않으리라."

이 말은 정조 때 문장가인 유한준이 남긴 명언을 토대로 유홍준 교수가 구절을 좀 고친 것이죠. 원문은 '지즉위진애 애즉위진간 간즉축지이비도축야'知則爲眞愛 愛則爲眞看 看則畜之而非徒畜也로, 당대의 수장가인 김광국의 화첩 〈석농화원〉에 부친 발문의 한 구절입니다. 이를 풀어 말하면 이렇습니다.

알면 곧 참으로 사랑하게 되고, 사랑하면 참으로 보게 되고, 볼

줄 알게 되면 모으게 되니 그것은 한갓 모으는 것은 아니다.

아는 만큼 보인다는 말도 중요하지만, 저는 "볼 줄 알게 되면 모으나니 그것은 한갓 모으는 것이 아니다."라는 부분을 강조하고 싶습니다. 관찰은 보는 것에서 끝나선 안 됩니다. 진정한 관찰은 본 대상을 기록하고 수집하는 '포착의 행위'로 마무리돼야 합니다. 그래야 관찰 경험이 자신만의 지식이 되고, 이렇게 쌓인 지식의 조각들이 창의적인 아이디어의 자료가 되기 때문입니다. 사실 대상에 애정을 갖고 온 감각을 집중해서 관찰하면 자연스레 그 경험을 포착하고 싶어집니다. 사진으로든, 그림으로든, 글로든, 영상으로든, 어떤 식으로든 말이지요.

기록과 수집은 창의성의 원천이다

— 창조적인 인물들의 공통점을 찾기가 쉽지는 않지만 그들에게도 몇 가지 공통된 습관이 있습니다. 그중 하나가 바로 '기록'입니다. 현대건축의 아버지라 불리는 르코르뷔지에 Le Corbusier 의 전시회에 갔을 때의 일입니다. 건축에 관한 내용이 주를 이룰 거라는 예상과 달리 그가 그린 스케치와 회화 작품이 가득한 전시 구성

에 놀랐습니다. 그리고 이런 소개글이 있더군요.

"르코르뷔지에를 거장으로 이끈 습관은 가로 10센티미터, 세로 17센티미터 크기의 크로키 수첩을 분신처럼 가지고 다니며 80여 가지 색깔의 색연필로 메모, 계산, 명세서를 쓰고 스케치를 하며 수첩을 채워나간 것이다. 그는 그렇게 관찰과 사고를 축적해나갔다."

수집하는 습관은 영재들의 대표적 행동 특성 중 하나입니다. 영재를 판별하는 특성표 문항 중 '수집하기를 좋아한다'란에 표시가 있으면 영재성이 있을 가능성이 높다는 의미지요. 영재들은 무언가에 관심이 있으면 열정적으로 수집하고, 이를 토대로 프로젝트를 진행해서 연구로 발전시키기도 합니다. 수집의 대상으로 물건뿐만 아니라 이야기를 수집해 훗날 소설가가 되기도 합니다. 대상이 무엇이든 자신의 흥미 영역에 따라 수집의 대상을 발전시킵니다.

tvN 예능 프로그램 〈알쓸신잡〉을 보고 있는데 김영하 작가가 식당에서 죽을 먹다가 '죽을 쑤다'라는 단어를 듣더니 호주머니에서 수첩을 바로 꺼내어 적더군요. 그러고는 "작가는 말을 수집하는 사람이거든요."라는 말을 남겼습니다. 그 말이 참 인상적이었습니다. 그는 어느 한 강연에서 단어 수집에 대한 이야기를 들려주기도 했습니다.

"작가가 되려면 당대의 언어를 잘 포착하고 정제해서 써야 합니다. 예를 들어 여러분이 미용실에서 머리를 자를 때 둘러주는 천, 이것의 이름이 뭔지 아세요? 바로 커트보입니다. 펍 같은 술집이나 화장실에서 양쪽으로 밀면서 여는 문 이름은요? 그 문을 나비문이라고 부르더군요. 작가로서 저는 언어를 끊임없이 수집합니다. 그리고 그 습관이 제가 쓴 소설을 더욱 생생하게 보이도록 하는 것 같아요."[13]

새로운 아이디어를 내야 할 때, 우선 해야 할 일은 책상에 앉아 무작정 아이디어를 생각해내는 것이 아닙니다. 자료를 충분히 모으는 것입니다. 창의적인 문제 해결은 문제를 발견하고, 자료를 수집하고, 아이디어를 떠올리고 이를 구체화해 실행하는 일련의 단계로 진행됩니다. 그렇기에 좋은 아이디어를 떠올리려면 그 전 단계인 자료 수집의 과정을 철저하게 진행하는 것이 중요합니다. 그러나 실제로 많은 사람이 이 과정을 놀랄 만큼 무시하는 경우가 많습니다. 그저 가만히 앉아서 영감이 떠오르길 기다리고 있지요.

이때 자료는 크게 '일반 자료'와 '특정 자료'로 구분됩니다. 특정 자료는 문제와 직접적으로 관련된 자료이고, 일반 자료는 모든 분야의 다양한 자료와 경험을 샅샅이 뒤져 찾아낸 것들입니다. 일반 자료는 실상 과제나 프로젝트를 진행할 때 수집하는 것이 아니라 일상생활 틈틈이 관찰하고 경험하는 기록이지요. 새로운 볼펜을 디자인하는 과제를 예로 들어보겠습니다. 특정 자료는 기존 볼펜에 대한 정보를 모은 것입니다. 한편 일반 자료는 어린 시절부터 수집해온 문구류나 여러 분야의 디자인 지식, 인상 깊었던 책의 문장, 여행의 기록 등이 될 수 있습니다.

창의적인 아이디어를 원할수록 일반 자료를 수집하는 데 더 힘을 쏟아야 합니다. 조금 이상하다는 생각이 드나요? 볼펜에 대한 정보를 모아야 볼펜 디자인에 대한 아이디어가 나오지 않을까 하고 생각하지 않았나요? 일반 자료가 창의적 아이디어에 큰 도움이 된다고 말하는 이유는 다루는 주제(영역)에서 거리가 '먼' 자료를 가져와 연결할수록 창의적으로 인식되기 때문입니다. 로봇공학자 데니스 홍 교수도 로봇을 개발하는 창의적인 노하우를 이렇게 이야기합니다.

"제 경우엔 항상 노트랑 연필을 가지고 다니면서 정리해요. 서재엔 어느덧 쌓인 아이디어 노트들이 빼곡히 꽂혀 있는데요. 프로젝트를 하다가 새로운 아이디어가 필요할 때면 노트를 뒤적여요. 그러다 보면 신기하게도 언젠가 적어둔, 프로젝트와 하나도 연관 없는 메모에서 해답을 얻곤 하죠. 세 개의 다리를 두 개로 바꿔가며 움직이는 스트라이더STriDER라는 로봇은 대학원생 때 그렸던 그림에서 아이디어를 얻은 케이스예요. 그때 벤치에 앉은 아주머니가 딸의 머리를 땋아주던 모습이 신기해서 노트에 그려뒀거든요."[14]

제 경우도 평상시 수집해놓은 정보가 여러 작업에 굉장히 큰 영향을 줍니다. 다양한 교육 프로그램을 구상하고 글을 쓰기 위해서는 생각의 자료들이 있어야 하니까요. 평소에 읽은 책, 영화, 대화들에서 깊은 인상을 받은 것들은 에버노트 같은 앱이나 프로그램을 활용해서 수집하고 기록해두려고 합니다. 원문 그대로 긁어온 자료나 사진들도 있지만 웬만하면 그 순간 떠올랐던 생각들을 한 줄이라도 같이 적어놓으려고 노력합니다. 수집된 자료는 자신만의 기준으로 분류를 해놓는 것이 좋습니다. 그래야 나중에라도 손쉽게 찾을 수 있고 카테고리 속에서 놀라운 유사성을 발견하는 경험도 하게 될 테니까요. 어쨌든 무언가를 보는 그 순간 그것이 아무리 좋았더라도 기록하고 수집해놓지 않으면 창의성에 영향을 주는 '자료'가 되기 힘듭니다.

앞서 반 고흐가 '잘 보는 능력을 갖는 것을 열망했다'고 말했습니다. 제가 정말 좋아하는 반 고흐의 말은 이것입니다.

> 본 것을 기억할 수 있는 사람은 결코 허무하지도, 생각에 목마르지도 않을 것이다.

때로는 수없이 많은 것을 경험한 것 같은데 돌아서면 허무해질 때가 많잖아요. 그것은 반 고흐의 말처럼 제대로 못 봤기 때문입니다. 정말 그 순간 경험하는 모든 것들을 하나하나 아무리 잘 보았어도 지나고 보면 기억은 흩어져버리고 말아요. 기억력에도 한계가 있어 막상 그 순간을 떠올리고 싶어도 생각이 잘 안 나게 되죠. 따라서 기록과 수집은 우리의 기억을 한층 더 짙게 만들고, 훗날 기억의 한계를 보완해주는 역할을 합니다. 그래서 관찰의 내용을 기록할 때 단어로만 간단히 적는 것보다 문장으로 세세히 적는 습관이 필요합니다.

수집은 특별한 관찰을 가능하게 한다

—   아마 80~90년대에 학창 시절을 보낸 사람이라면
우표, 딱지, 구슬, 병뚜껑, 문구, 캐릭터 인형 등을 모았던 경험이 있
을 겁니다. 자기만의 상자나 스크랩북에 고이고이 모아놓고 어느 정
도 수집품이 쌓이면 뿌듯한 마음으로 친구들에게 자랑하기도 했죠.
또 하루가 멀다 하고 다시 풀어내어 순서를 정하고 정리하던 경험이
누구나 한 번쯤 있을 겁니다.

저는 어릴 때 건전지와 병뚜껑을 모았던 경험이 있습니다. 그 계기
는 우연히 주운 건전지의 디자인 때문이었는데, 일반적으로 보던 건
전지가 아니라 겉면에 검은고양이가 그려진 보기 드문 건전지였지
요. 그 뒤로 새로운 디자인의 건전지와 병뚜껑을 찾아 모으기 시작했
습니다. 엄마는 그 수집 상자를 쓰레기 취급했지만, 제 눈에는 하나
하나 특별하고 소중한 보물들이었지요.

한번은 제 수업에서 수집에 관한 관찰 과제를 낸 적이 있습니다.
그때 인상 깊은 과제물, 아니 '작품'을 제출한 학생이 있었어요. 그가
제출한 작품은 큰 캔버스에 하얀 아크릴 물감을 칠하고 먼지를 수집
한 것이었습니다. 하루에 한 번, 캔버스에 붙은 먼지마다 숫자를 달
았고, 한 달 정도 수집해서 분류했다고 합니다. 그렇게 붙은 먼지들
을 바라보고 있으니 마치 별자리 같아 보였습니다. 일상 속에서 발견

할 수 있는 아주 평범한 것을 응용한, 매우 신선한 작품이었죠.

평소 관심을 가지고 있는 사물을 한번 수집해보세요. 무엇이든 애정이 있으면 관찰하게 될 것입니다. 또 수집한 물건의 질과 종류의 차이를 잘 감별하기 위해서 수집에 필요한 능력을 기를 수 있습니다. 물론 아이디어를 내기 위한 자료와 정보 수집도 매우 중요합니다. 정보를 보고 그냥 넘어가는 게 아니라 자신만의 기준으로 잘 정리하고 모아보세요. 앱이나 메모장 등 다양한 자료 정리 프로그램의 도움을 받으면서 말이죠.

관찰의 시작은
마음이다

누군가를 깊이 좋아해본 적 있나요? 사랑에 빠지면 상대에 대해 궁금한 점이 정말 많아지고, 모든 감각을 동원해서 상대의 행동과 표정을 세심히 살피게 되죠. 절대 지루할 시간이 없어요. 지금까지 이야기한 수집과 기록도 대상에 대한 애정이 넘치면 자연스레 나타나는 일종의 욕구에서 비롯된 행위입니다. 관찰 대상에 대한 애정은 관찰을 시작하게 하고 지속시키는 힘입니다.

책《과학자의 관찰 노트》를 읽다 보면, 많은 과학자에게서 자연을 바라보는 따뜻함을 느낄 수 있습니다. 과학자로서 기록의 객관성, 정확성을 추구하는 것도 중요하지만, 근본적으로 자연에 대한 사랑과 존중이 관찰의 중요한 요소임을 깨닫게 합니다. 따라서 관찰을 훈련하고 습관화하기를 원한다면 자신이 좋아하는 대상부터 관찰을 시작해보기를 추천합니다.

제 수업의 마지막 과제는 자신의 창의성을 깨우는 프로젝트를 기획하고 체험하는 것(대표적으로 '한번도 해보지 않았던 일 시도하기')입니다. 수업에 참여한 한 학생이 자신을 둘러싼 세상을 낯설게 보는 관찰 훈련을 해보고 싶다고 했어요. 제가 어떤 대상을 관찰하고 싶은지 묻자, 자기에게 가장 익숙한 남자친구를 관찰하는 것부터 시작해보겠다고 하더군요. 그 학생은 열흘 동안 남자친구에 대한 관찰일지를 작성하면서 상대의 내면을 새롭게 들여다보고 자신이 가진 사랑이라는 감정의 본질을 정리했습니다. 잠시 그 학생이 적은 내용을 살펴볼까요?

> 내가 이번 경험에서 새롭게 깨달은 사실은 관찰에 있어 가장 중요한 요소가 '애정'이라는 것이다. 애정이 있었기에 나는 무언가를 질리지 않고 지속적으로 세심하게 관찰할 수 있었다. 어쩌면 세상을 새롭게 바라보고, 낯설게 보기 위해서는 삶과 세상에 대한 '애정'이 필수적으로 필요하다는 생각이 든다. … 따라서 내가 창의적인 사람이 되기 위해서 세상을 우선 더 사랑해야겠다. 내가 그 사람을 사랑하는 것처럼 내가 살아가는 세상을 사랑한다면, 세상의 다양한 모습들을 좀 더 알고 싶고

그 본질과 새로운 모습이 자꾸만 궁금해질 것이다. 그렇게 또 다른 세상을 알아가고 동시에 세상 속에 숨겨진 나를 알아가며 나는 한층 더 성장할 수 있을 거라고 생각한다.

이번 장의 첫 문장을 기억하나요? "모든 지식은 관찰에서부터 시작한다."였습니다. 저는 이 문장에 미국의 철학자이자 심리학자인 윌리엄 제임스William James의 "경험은 내가 주목하기로 결정한 것에 달려 있다."라는 말을 덧붙여봅니다. 두 문장을 연결해보면, 내가 삶에서 축적한 지식과 경험은 나 자신이 몰두해 관찰한 것들의 총합이라는 말입니다. 다시 말해 어디에 주의를 기울이고 무엇을 보는지가 지금의 나, 그리고 앞으로의 내 삶을 만든다는 뜻입니다.

관찰은 생각만큼 쉬운 과정이 아닙니다. 하지만 그렇다고 못 할 것도 없습니다. 이번 장에서는 주로 일상 속에서 새로움을 발견하는 노력들에 대해 살펴봤습니다. 드로잉 노트를 하나 장만해 자신이 관심을 갖는 대상을 그려보거나, 평소 잘 쓰지 않던 감각을 사용해 주변을 살펴보거나, 관심 있는 것들을 정성스레 모아보는 등의 노력들 말입니다. 우리가 의외로 주변과 자신의 관심 대상을 잘 보지 못한다는 점을 인식하는 것, 무엇에 관심을 두고 집중해야 하는지를 아는 것, 어린아이 같은 호기심 어린 눈으로 익숙해 보이는 것을 외면하지 않고 그것이 품고 있는 아름다움에 몰두해보는 것, 그리고 몰두한 대상을 자신만의 방식으로 잘 포착하고 담아두는 것. 이 모든 과정이 창의적인 삶을 이끄는 첫 번째 요소 관찰의 핵심입니다.

관찰하는 삶을 위한 다음의 아홉 가지 질문을 살펴봅시다.

- 나는 의외로 잘 보지 못한다는 점을 인식하는가?
- 나는 무엇에 관심을 두고 집중해야 하는지를 생각하는가?
- 나는 여러 감각을 사용해 주변을 살피려 하는가?
- 나는 평범해 보이는 것을 외면하지 않는가?
- 나는 일상을 낯설게 보려고 노력하는가?
- 나는 대상을 낯설게 보는 나만의 방법이 있는가?
- 나는 잘 보고 싶은 대상을 그림으로 그려보려 하는가?
- 나는 내가 관찰한 것을 잘 기록하고 수집하는가?
- 그래서, 나는 세상을 풍요롭게 느끼고 경험하는가?

어떤가요? 조금 더 진정한 관찰에 다가간 것 같나요? '나는 관찰하고 있는가.' 훗날 이 질문에 고개를 끄덕이는 사람이 되길 바랍니다.

두 번째 질문

。

나는 모방하는가

오직 신만이 창조한다.

우리는 단지 모방할 뿐.

_미켈란젤로

《우리말 유의어 사전》에서 '모방'이라는 단어를 찾아보면, 반대말에 위치한 단어로 '창조'가 나옵니다. 이렇듯 모방에 대한 우리의 인식은 창의성과 동떨어져 있습니다. 흔히 모방을 단순히 베끼기, 따라하기, 아류와 같이 부정적으로만 인식하는 경우도 많지요. 창의성과 모방을 대립된 개념으로 보는 이유는, 모방이 독창성 originality 을 방해한다고 생각하기 때문입니다.

독창성이 무無에서 유有를 만드는 완전한 새로움을 의미한다면 그런 생각은 맞는다고 할 수 있습니다. 하지만 여기서 짚고 넘어가야할 것은 독창성이 완전한 새로움을 의미하지 않는다는 것입니다. 기존의 것을 확장하거나, 다른 부분에 응용하는 것 그리고 유추하는 것자체로 독창적일 수 있습니다.[15]

사실 우리는 완전히 새로운 것을 만들어낼 수 없습니다. 컴퓨터와 인간의 차이를 말할 때, 컴퓨터는 입력되지 않은 정보를 출력할 수 없는 한계가 있다고 말합니다. 하지만 인간의 뇌 역시 입력되지 않은 무언가를 창조해내는 능력이 없습니다. 누구나 자신이 한번도 듣지도 보지도 못한 것을 생각해냈다고 여기지만, 사실 과거 언젠가 뇌에 입력되어 있던 것들입니다. 단지 그 사실을 기억해내지 못한 것일 뿐입니다. 그러면 컴퓨터와 달리 인간만이 지닌 독창성은 우리의 어떤 능력으로 가능한 것일까요?

바로 그것은 인간의 연결하는 능력 때문이라고 합니다. 존재하는 것들을 빌려와 연결하는 능력, 그것이 창의적 사고의 근간인 것이죠. "창의적 아이디어란 낡은 요소들의 새로운 결합에 지나지 않으며, 이는 관련성을 볼 줄 아는 능력에 달려 있다."[16] 이 말은 《아이디어를 내는 방법》을 쓴 제임스 양James Young의 말입니다. 모방이 창조 과정에 필수불가결하다면 우리가 주목해야 할 부분은 남들이 보지 못하는 유사성을 어떻게 찾아내고 새롭게 연결하느냐는 것입니다.

"하늘 아래 새로운 것은 없다."라는 말은 창조라는 것이 무에서 유를 만드는 것처럼 완전히 새로운 무언가를 만들어내는 행위가 아님을 의미합니다. 수많은 창의적 산물들이 이를 입증해주듯이 상상과 창조 활동은 이미 만들어진 토대 위에서 이루어지며, 새로운 아이디어는 늘 기존의 것과 결합해서 탄생합니다.[17] 즉 모방 없이 창조는 불가능합니다. 모방을 부정적으로만 인식하면 창의적인 아이디어로 이끄는 긍정적인 모방 행위를 막을 수 있습니다.[18] 따라서 창의성을 이끄는 모방의 의미와 방법에 대해서 제대로 이해하고, 우리 삶에 연결해야 하지 않을까요? 그래서 창의적인 삶을 위한 두 번째 질문은 '나는 모방하는가'입니다.

두 가지의 모방,
카피와 스틸

모방의 뜻을 표준국어대사전에서 찾아보면 '다른 것을 본뜨거나 본받음'이라고 정의되어 있습니다. 또 오데드 센카Oded Shenkar의 《카피캣》에서는 '있는 그대로의 것을 베끼거나, 아니면 변형 또는 수정하는 것'이라고 정의합니다.[19] 모방이라는 개념 자체가 광범위한 행위를 포함하고 있다는 것을 알 수 있지요.

모방에 대한 여러 가지 인식이 혼재된 것은 개념의 포괄성 때문이기도 합니다. 따라서 모방을 바로 이해하기 위해서는 광범위한 모방 행위를 쪼개어 살펴볼 필요가 있습니다(물론 여기서는 남의 것을 그대로 옮겨 자기 것인 양 내세우는 의도가 포함된 '표절', '도용'은 제외합니다). 모방의 층위를 구분할 때 인용할 만한 딱 좋은 문장이 있습니다. 바로 "좋은 예술가는 따라 하고, 위대한 예술가는 훔친다." Good Artists Copy, Great Artists Steal 입니다.

좋은 예술가는 따라 하고, 위대한 예술가는 훔친다

—　　　　　이 말은 피카소가 한 말인데, 스티브 잡스가 인터뷰에서 다음과 같이 언급해 더욱 유명해진 말입니다.

"피카소가 말하길, 좋은 예술가는 그대로 따라 하지만, 위대한 예술가는 훔친다고 했습니다. 우리(애플)는 위대한 아이디어를 훔치는 것을 조금도 부끄러워하지 않습니다. 세상은 그것 때문에 더 나은 곳이 되니까요."

그런데 사실 피카소가 말했다고 알려진 이 문장은 시인 T. S. 엘리엇의 "어설픈 시인은 흉내 내고, 노련한 시인은 훔친다." Immature poets imitate, mature poets steal 라는 문장에서 온 것입니다. 엘리엇 역시 "재능 있는 이는 빌리고, 천재는 훔친다." Talent Borrows, Genius Steals 라는 오스카 와일드의 말에서 따온 것이라고 합니다. 이 문장의 역사 자체가 절묘하게 문장의 의미를 잘 담아내고 있죠.

문장의 원문을 보면 두 가지 모방 행위인 '카피' Copy 와 '스틸' Steal 이 나옵니다. 카피는 기존의 것을 그대로 따라 하는 낮은 단계의 모방입니다. 반면 스틸은 기존의 것을 연결, 변형, 확장하는 높은 단계의 모방으로, '창조적 모방'이라 불리기도 합니다. 제 강의를 듣던 연기예술학과 소속 학생이 두 가지 모방의 차이를 잘 설명하더군요. 자신의 롤 모델은 배우 하정우인데, 그의 목소리와 표정, 몸짓을 단순히 따라 연습하는 것은 카피, 지금의 하정우를 이끈 연기 인생과 메소드 연기를 이해하고 자신에게 맞게 소화하는 것은 스틸에 가까운 것 같다고요. 적절한 비유라고 생각합니다.

카피와 스틸의 가장 큰 차이는 '아이디어를 어디서 가져왔는지 제3자가 눈치챌 수 있느냐, 없느냐'에 있습니다. 잘 훔친다는 건 그것을 어디서 훔쳤는지, 심지어 훔쳤다는 사실조차 아무도 인식하지 못하는 것을 의미하죠. 하정우의 연기에서 영감을 받았다지만 훗날 그 학생의 연기를 보면서 아무도 하정우를 떠올리지 않을 것 같습니다. 이렇듯 아이디어의 내면적인 원리를 베껴서 자신의 것으로 녹여내는 경우가 스틸형 모방에 해당됩니다.

그렇다고 카피형 모방이 나쁘다는 것은 아닙니다. 카피가 비록 낮은 단계의 모방 행위이지만 창의성이라는 면에서 보면 큰 의미가 있습니다. 피카소의 말을 다시 살펴볼까요? '좋은 예술가'는 카피를 한다고 했습니다. 피카소는 엘리엇의 말 앞부분에 '미숙한 시인'을 '좋은 예술가'로 바꿔 말했습니다. 즉 따라 하고 베끼는 것을 부정적으로 보지 않았다는 것이죠. 피카소 자신의 예술적 경험에 따르면, 기

○ 피카소의 〈아비뇽의 여인들〉

존의 작품을 답습하고 따라 하는 행위 역시 예술의 행위이며, 창작의 폭을 넓혀주는 배움의 길이었기 때문입니다. 그의 대표작 〈아비뇽의 여인들〉(1907)도 기성 작가들의 여러 작품을 수없이 똑같이 그려본 후 그 틀을 모두 파괴하고 재구성하는 과정을 통해 탄생했다고 하니까요.

모방의 과정에
배움이 있다

사생화를 그릴 때 세부사항에 지나치게 몰두해 중요한 점을 간
과하면 안 될 텐데, …그래서 바르그의 방법론을 다시 공부하
기로 했단다. 그는 강한 선과 형태, 단순하고 섬세한 윤곽을 사
용한 화가야….(1881년 7월)

바르그의 〈목탄화 연습〉을 꾸준히 따라 반복해 그려본 결과, 인
물 데생에 대한 좀 더 명확한 개념을 얻게 되었다. 측정과 관찰,
주된 선들을 찾는 방법을 배우게 된 거지. 그래서 지금까지는
완전히 불가능하게만 보였던 것들이 차츰 가능해지기 시작했
단다. 고마운 일이지.(1981년 9월)

_반 고흐가 테오에게 보내는 편지[20] 중에서

카피형 모방이 창의적 삶에 의미 있는 이유는 배움의 과정이기 때문입니다. 창의성은 먼저 배움에서 시작합니다. 어떤 분야든 경지에 오르기까지 사람들은 끊임없이 기존의 지식을 배우고 익힙니다. 이러한 배움이 창의성의 원천으로 작용하는 것이지요. 앞서 피카소의 사례와 고흐의 편지에서 나타나듯, 많은 예술가가 창조의 벽에 부딪혔을 때 기존 대작들을 수없이 모방했습니다. 그리고 이러한 훈련 과정이 단순히 '남의 것을 따라 하는 일'을 넘어서 그다음 창조의 길을 알려주었다고 말합니다.

나만의 것을 만들어가는 배움의 과정으로 모방을 인식하면 좋겠습니다. 더 이상 창조 과정을 방해하는 행위로 보지 않았으면 합니다. 우리는 따라 하는 과정을 통해 대상을 더 깊이 이해할 수 있습니다. 그 작품을 만들거나 문제를 푼 사람의 입장을 떠올리며 창조 과정을 간접적으로 배울 수 있고 그의 스타일이 자신과 맞는지도 살펴볼 수 있습니다.

모방 행위는 독창성에 대한 부담에서 벗어나 단순하게 시작할 수 있도록 이끌어주기도 합니다. 자칫 처음부터 완전히 멋지고 새로운 것을 만들어야 한다는 생각은 '나는 할 수 없어', '나는 역시 창의적이지 못해'라는 부정적인 생각으로 이어질 수 있습니다. 처음부터 너무 많은 것을 기대하기보다 ("만약 내가 더 멀리 보았다면, 그것은 내가 거인들의 어깨 위에 서서 보았기 때문이다."라는 아이작 뉴턴의 유명한 말을 빌리

자면) 거인의 어깨 위에 올라서기 위해 일단 거인에게 다가가보는 것으로 시작하는 것은 어떨까요? 기존 지식의 답습과 모방 과정은 창조적 작업의 토대가 될 테니까요.

어린아이처럼 따라 하며 배워라

—　　　　　　　따라 하기식의 모방은 표절, 특허 침해 같은 여러 가지 문제를 야기합니다. 창의성을 발휘하는 삶을 목표로 삼는다면, 카피형 모방은 당연히 배움의 과정으로 삼아야 합니다. 이러한 접근의 따라 하기를 가장 잘하는 이들이 바로 '아이들'입니다.

아이들은 그야말로 모방의 천재입니다. 아이들은 모방을 통해 생존을 위한 많은 것을 빠르게 습득합니다. 꽤 어려워 보이는 것도 흥미만 있다면 빨리 배울 수 있습니다. 아이들이 보여주는 모방의 핵심은 호기심을 갖고 순수하게 따라 하는 것입니다. 우리는 무언가를 배울 때 기존의 지식틀에 너무 많이 의지합니다. 예를 들면 어른들은 포토샵이나 일러스트 관련 프로그램을 배울 때 '이것은 사진 편집, 보정툴이다' 또는 '이것은 그래픽 디자인 프로그램이다'라고 이해하면서 프로그램의 동작 원리와 사용법을 단계별로 익히려고 합니다. 하지만 아이들은 다릅니다. 처음부터 자신이 배우는 것을 한 가지로 정의하거나 고정된 틀에 넣지 않습니다. 낯선 대상을 낯선 상태 그대로 받아들일 때 더욱 호기심을 갖고 순수하게 따라 할 수 있습니다.

카피해볼까요

> 당장 사랑하는 것을 카피하라.
> 카피하고 카피하고 카피하라.
> 그 수많은 카피들의 끝에 자기 자신을 찾을 것이다.[21]
>
> _야마모토 요지 山本耀司

― 시인 앤서니 헥트Anthony Hecht는 다른 사람의 시를 접하면 본인의 독창성이 떨어질 것을 우려하는 젊은 시인들에게 이렇게 조언합니다. "모든 종류의 시들을 암기해서 자신의 피와 살로 삼아라."[22] 한 대학의 문예창작과에서는 필수 시험으로 시 100편을 외우는 것을 평가한다고 합니다. 이렇듯 작가의 상상력과 독창성이 가장 강조되는 문학과 예술 분야에서도 기존의 작품을 그대로 외우고 숙지하는 과정을 강조합니다.

최근 글쓰기에 대한 관심이 높아지면서 글쓰기 책과 특강들이 인기를 끌고 있습니다. 작가들이 소개하는 글 잘 쓰는 방법을 보면 빠지지 않는 내용이 있는데요. 좋은 글을 익숙해질 때까지 반복해서 읽고 따라 쓰는 것입니다. 《대통령의 글쓰기》를 쓴 강원국 작가는 글쓰기 스승을 한 명 정하고, 그의 책과 글을 모조리 읽고 죽을 듯이 필사할 것을 강조합니다. 작가 유시민도 《글쓰기 특강》에서 영업기밀이라며 말한 첫 번째 방법이 좋은 문체의 책을 골라 익숙해질 때까지 몇 번이고 읽으라는 것이었습니다.

제 강의 수강생 중 고전을 필사했던 학생의 이야기를 잠깐 해볼까 합니다. 강의의 마지막 과제는 (앞서 한번 언급했던) 자신의 창의성을 일깨울 수 있는 행위를 기획하고 실행하는 개인 프로젝트입니다. 그런데 문학을 좋아하는 한 공대생이 소설 쓰기를 해보려 했으나 무작정 도전하기가 겁이 났던 모양입니다. 그 학생에게 모방 또한 창의성을 발현하는 데 중요한 요소가 될 수 있다고 조언해주었습니다. 그리고 처음부터 새로운 문학 작품을 만들어내는 것보다 이미 출간된 문학 작품 중 창의성이 돋보이는 것을 선정해 필사하는 과정을 먼저 진행하기로 했지요. 어떤 작품을 필사하면 좋을지 고민하다가 그리스 신화의 유명한 서사시인 헤시오도스의 《신들의 계보》 원서를 2주에 걸쳐 필사하기로 결정했습니다. 그 학생의 과제 후기 일부를 옮겨봅니다.

필사 과정에서 고대 그리스인의 창의성과 개성적인 문장을 볼 수 있었다. 여러 관념과 자연물들을 의인화해서 표현하고 있다는 점, 인물의 등장 때마다 수식어를 매번 붙여 호칭하는 점이 인상적이었다. …처음에는 필사 자체가 무언가를 그대로 복사하는 행위라는 점에서 창의성과 그다지 연결되지 않는 것처럼 느껴졌다. 그러나 점차 이러한 모방을 통해 그 특징과 발상을 이해하고 나의 것으로 만드는 것이야말로 나의 창의성을 기르는 것에 더 도움이 될 거라는 생각이 들었다.

여러분은 자신의 마음을 끌었던 대상을 있는 그대로 따라 해본 적이 있나요? 만약 자신의 분야에서 동경하는 최고의 롤 모델이 있다면 그 사람부터 따라 해보기를 추천합니다. 좋아하는 문체의 글, 시, 그림, 공식의 풀이 과정 등 무엇이든 상관없습니다. 창의적으로 무언가를 떠올려야 한다는 생각을 지우고, 그것들을 그냥 그대로 옮겨보세요. 단, 익숙해질 때까지요.

창조의 과정에
모방이 있다

나는 도둑이에요. 최고의 아이디어를 훔치는 도둑이죠. 플라톤, 피카소 같은 위대한 인물들의 아이디어를 말이에요. 그리고 저는 이것을 매우 자랑스럽게 생각합니다. 나는 내가 훔치는 아이디어들의 가치를 알기에 그것을 언제나 소중히 여깁니다. 개인의 소유물이 아닌 문화적인 유산으로서요.

_마사 그레이엄 Martha Graham

창조적 모방이라 불리는 스틸형 모방이 의미 있는 이유는 말 그대로 창조의 과정이기 때문입니다. 거의 모든 창의적인 산물들은 스틸형 모방의 결과물입니다. 여기서 한 가지 질문을 던져봅니다. 카피와 스틸 모두 타인의 것을 가져오는 모방 행위인데, 왜 스틸형 모방만 독창성을 인정받을까요? 조금 더 자세히 구분할 필요가 있겠네요. 질문을 한번 바꿔보겠습니다. 도대체 어디까지가 남의 생각을 그대로 베끼는 행위이고, 또 어디부터 진짜 창조가 시작되는 것일까요?

두 모방의 방식을 구분하는 가장 큰 차이점은 제3자가 아이디어의 출처를 인식할 수 있느냐 없느냐입니다. 이는 알베르트 아인슈타인이 말한 "창의성의 비밀은 그 창의성의 원천을 숨기는 방법을 아는데 있다." The secret to creativity is knowing how to hide your sources 는 것과 연결됩니다(저는 이 문장을 처음 접했을 때 아인슈타인이 지닌 창의성에 대한 내공에 다시금 존경을 표했습니다. 아인슈타인이 남긴 말 중에 창의성 연구에 중요한 지침이 되는 말들이 꽤 있습니다. 그중 하나가 바로 이 문장입니다). 아인슈타인의 말을 조금 바꿔 질문에 대한 답을 만들어본다면, "내 아이디어의 원천을 어디서 가져왔는지 아무도 모르게 잘 숨긴다면 독창적으로 인식된다."는 정도가 될 겁니다.

아이디어의 원천을 숨기는 방법

—　　　　　이제 우리는 잘 훔치는 방법, 즉 내 아이디어의 원천을 아무도 모르게 숨기는 방법에 대해 생각해봐야 합니다. 비윤리

적인 뉘앙스로 들리겠지만 절대 그렇지 않습니다! 이제부터 몇 가지 창조적 모방의 사례를 간략하게 제시해보겠습니다. 과연 어떤 공통점이 있는지를 생각하면서 읽어보기를 바랍니다. 바로 그 공통점이 아이디어를 숨기는 방법이 될 테니까요.

첫 번째 사례는 약 600년 전으로 거슬러 올라갑니다. 구텐베르크의 활판인쇄술이 등장했던 때입니다. 우리가 책을 쉽게 접할 수 있게 해준 혁명적 사건이었죠. 구텐베르크의 인쇄술이 등장하기 전에는 책을 만들 때 필사본이나 목판 인쇄를 이용했습니다. 필사본의 경우 한 사람이 두 달 동안 쉼 없이 일해야 책 한 권을 겨우 만들 수 있었죠. 목판 인쇄의 경우 한 글자만 실수해도 판 전체를 다시 만들어야 했습니다.

구텐베르크는 조폐국에서 금화를 제조하던 아버지의 기술을 어깨너머로 배웠습니다. 동전 모양의 금 덩어리 하나하나에 펀치로 문양을 새기던 금화 제조술을 응용해 주형으로 제작한 인쇄용 금속 활자를 틀에 하나씩 심어서 조판하는 방법을 고안했습니다. 금속 활자를 하나씩 조판하면 글자를 자유롭게 수정하고 배치할 수 있기 때문에 기존의 목판 인쇄술에 비해 매우 효율적으로 인쇄를 할 수 있었죠. 이에 더해 그는 포도주를 만드는 압착기의 구동 원리에서 착안해 활판을 인쇄기에 놓고 세게 압착해서 종이에 찍어내는 인쇄 방식을 개발했습니다. 즉 그의 인쇄술은 주화 생산 방식을 활자 생산에 모방하고, 포도주를 만드는 압착기의 원리를 인쇄에 모방한 창의적인 결과물입니다.

두 번째 예는 생체모방Biomimicry의 고전적인 사례인 일본의 신칸센입니다. 일본에서 생산한 첫 고속열차는 터널에 진입하면 기압의 차이로 굉장히 시끄러운 소음을 내는 문제가 있었습니다. 이를 개선하기 위해 조류학에 식견이 있던 에이지 나카츠라는 엔지니어가 자연에서 모방한 아이디어를 냈습니다. 물총새가 먹이를 잡기 위해 입수할 때 전혀 파동이 생기지 않는 원리를 응용해 물총새 부리 모양의 신칸센을 개발한 것이죠.

또 다른 사례는 예술 분야입니다. 네덜란드 화가인 에셔Maurits Cornelis Escher는 교묘한 수학적 계산에 따라 패턴이 끊임없이 연결되고 순환되는 그림들을 많이 그렸습니다. 에셔는 자신이 바흐의 캐논에서 영향을 받았다고 말합니다.

> 바흐의 음악을 듣는 것은 가장 위대하고 정교한 패턴 제작자에게서 방법을 배우는 것과 같았다. …투명하고 논리적인 언어와도 같은 그의 음악은 내 머릿속에서 수많은 도안을 완성시켜주었다.[23]

다시 말해 정해진 간격으로 멜로디를 반복하고 분위기를 고조시

○ 바흐의 〈캐논〉 악보(상)와 에셔의 〈천사와 악마〉(하)

키는 바흐의 캐논과 평면을 같은 모양의 도형으로 분할하는 자신의
작품 사이에서 유사성을 발견했다는 것이죠.

'먼 곳'에서 가져온다는 것

— 창조적 모방의 사례들이 갖고 있는 공통점, 즉 아
이디어의 출처를 쉽게 알 수 없는 이유를 발견하셨나요? 가장 중요
한 것은 아이디어의 원천을 '먼 곳'에서 가져왔다는 것입니다. 자신
이 생각하는 주제로부터 멀리 떨어진 곳에서 재료를 가져올수록 아
이디어의 원천을 더 찾을 수 없고, 보다 더 독창적인 것으로 인식됩
니다.[24] 포도주의 압착기 구동 원리를 인쇄술의 영역으로 가져온 구
텐베르크, 조류의 부리 구조에서 고속열차의 굉음 문제를 해결하는
아이디어를 가져온 신칸센, 바흐의 음악을 도안의 영역으로 가져온
에셔의 작품처럼 세상에 알려진 창의적인 사례를 보면 자신의 분야
와 상관없는 분야에서 영감을 받은 사람들이 많습니다. 또한 눈에 바
로 보이는 외현적 형태와 거리가 먼 이면의 원리를 전혀 다른 맥락으
로 결합하는 것이 중요합니다.
　여기서 '먼 곳'이 의미하는 것은 단순히 영역 간의 거리뿐만 아니
라 시간의 거리도 포함됩니다. 현재로부터 시간을 거꾸로 되돌려 오

래된 것에서 아이디어의 원천을 가져오는 것이지요. 보통 우리는 시간적으로 우리와 가까운 시점에 성공한 작품이나 모델, 최신 트렌드를 분석하고 따라 하려고 합니다. 하지만 위대한 도약을 이뤄낸 사람들은 현재의 대상을 넘어서 아주 오래된 것에서 영감을 얻는 경우가 많습니다. 아주 먼 시대의 고전이나 건축물, 잊혀간 노래에서 말이죠. 시인 엘리엇이 적은 '어설픈 시인과 노련한 시인'에 대한 글은 창조적 모방에 대해 잘 정리해주고 있습니다.

> 어설픈 시인은 흉내 내고, 노련한 시인은 훔친다.
> 형편없는 시인은 훔쳐온 것들을 훼손하지만,
> 훌륭한 시인은 그것들로 훨씬 더 멋진 작품을,
> 적어도 전혀 다른 작품을 만들어낸다.
> 훌륭한 시인은 훔쳐온 것들을 결합해
> 완전히 독창적인 느낌을 창조해내고,
> 애초에 그가 어떤 것을 훔쳐왔는지도 모르게
> 완전히 다른 작품으로 탄생시킨다.
> 훌륭한 시인은 옛 작가들의 작품, 이국 언어로 쓰인 작품,
> 또는 흥미로운 다양한 것들에서 빌려온다. [25]

한국예술종합대학에서 진행한 '몰입' 프로젝트에 참여한 적이 있

습니다. 당시 예술계의 대가들을 만나 창조성과 몰입에 대한 인터뷰를 진행했는데, 연극 무대 연출로 유명한 윤정섭 교수와 나눈 이야기가 특별히 기억에 남습니다. 어떻게 매번 기존 연극에서 볼 수 없었던 새로운 무대 연출을 기획해내는지, 그 노하우를 묻는 질문에 윤정섭 교수는 이렇게 답했습니다(대화를 나누며 대답을 받아쓴 것은 아니므로 표현은 다를 수 있으나 핵심은 다음과 같습니다).

"별것 아닙니다. 제가 굉장히 다양한 영역에서 일을 했어요. 방송 CF와 각종 행사의 무대 디자인, 애니메이션 디자인 분야에서도 오랫동안 종사했지요. 이런 과거 경험들, 그러니까 다른 영역의 것을 연극계에 가져오면 독특한 아이디어가 됩니다. 예를 들면 애니메이션 기법의 원리를 연극의 무대 연출에 적용하면 굉장히 새롭게 받아들여지죠. 연극계에서는 없던 기법이니까요."

이렇듯 서로 관련 없어 보이는 분야에서 아이디어의 원천을 가져오는 것, 다시 말하면 상관없는 대상이나 개념 사이에서 유사성을 발견하고 연결하는 것. 이것이 창조적 모방의 비결이라 할 수 있지요. 이러한 능력을 바로 '유추'라고 합니다.

창조의 99퍼센트는 유추다

창조한다는 것은 쓸모 있는 연상을 새롭게 조합하는 것을 의미한다. 창조적 생각들은 서로 연결되어 있다. 다만 우리가 관련이 적다고 생각할 뿐이다.

_앙리 푸앵카레 Jule Henri Poincaré

창의적인 사람들이 창의적인 아이디어를 떠올릴 때 그들의 뇌에서는 어떤 일이 벌어질까요? 뇌 과학 분야의 연구 결과, 서로 멀리 떨어져 있고, 평소에는 신경신호를 주고받지 않던 뇌의 영역들이 창의적인 아이디어가 떠오르는 순간 서로 활발하고 적극적으로 신호를 주고받는 현상을 발견했습니다.[26] 이는 인간의 고등사고를 담당하는 전전두엽만을 강조했던 기존의 연구와는 다른 결과를 보여줍니다. 즉 창의적인 아이디어는 뇌의 여러 영역을 골고루 활용할 수 있어야 하고, 이러한 뇌 영역을 서로 연결 지을 수 있어야 창의적 아이디어가 나온다는 사실을 말해줍니다. 서로 관련 없는 것들, 멀리 떨어져 있는 것을 가져와 새롭게 연결하는 능력인 '유추'가 창의적 사고의 핵심임을 뇌 과학으로 증명한 것이지요.

유추에 대해 본격적으로 이야기하기에 앞서, 창의력 테스트의 일종인 RAT Remote Associates Test [27]의 몇 문항을 풀어볼까 합니다. RAT는 전혀 무관해 보이는 세 단어를 제시하고 이들 사이의 관계를 찾는 검사입니다. 다음의 연습문제를 한번 풀어볼까요?

stick(막대기) – light(빛) – birthday(생일)

위의 세 단어를 연결해주는 하나의 단어가 떠오르나요? 정답은 'candle'(초) 입니다. 자, 아래 문제들의 답도 생각해보세요.

1. walker(걷는 사람) – main(메인, 주된) – sweeper(청소부)
2. board(보드) – magic(마술) – death(죽음)
3. falling(떨어지는) – actor(배우) – dust(먼지)

답: 1.street(거리) 2.black(검은, 어두운) 3.star(별)

위의 문제들을 풀다 보면 유추적 사고에 대해 감이 잡힐 겁니다. 유추는 '닮음'이라는 개념과 구별됩니다. 예를 들어 어떤 아이가 "오렌지와 야구공은 닮았어요. 둘 다 동그라니까요."라고 말했습니다. 이것은 외형적인 유사성만을 연결하는 '닮음'에 해당합니다. 다른 한 아이가 "야구공과 태양은 닮았어요. 야구공을 던지면 아치형을 그리면서 떨어지잖아요. 그 움직임이 태양이 뜨고 지는 모습과 닮았어요."라고 말했습니다. 이것은 유효한 유추라 할 수 있습니다. 이렇듯 닮음과 달리 관련 없어 보이는 대상이나 개념 간의 내적인 유사성을 찾아내는 것, 다시 말하면 '숨겨진' 닮음을 찾아내는 것이 유추입니다.[28] 그리고 대상 간의 사이가 멀면 멀수록, 즉 관련 없어 보이는 정도가 크면 클수록 창의적인 유추라 할 수 있습니다.

은유적 표현도 마찬가지입니다. 유추의 쉬운 이해를 돕기 위해 잠시 설명하면, '은유'metaphor는 유추가 언어적, 문학적으로 표현된 것이라고 생각하면 됩니다. '내 마음은 호수'(김동명, 〈내 마음〉), '이것은 소리 없는 아우성'(유치환, 〈깃발〉), '겨울은 강철로 된 무지개'(이육사, 〈절정〉)처럼 시야말로 은유적 표현의 집합체이지요. 하지만 아무리 은유라고 해도 어떤 표현은 차라리 쓰지 않는 것이 나은 경우도 많습니다. 예를 들면, '언제 이 밤이 가고 새벽이 오려나'라는 시구가 있다고 생각해보세요. 이 문장에서는 어떠한 감흥도 받기 힘듭니다. 일반적으로 밤은 '암담한 상황', 새벽은 '희망의 상황'으로 비유되니까요.

이처럼 너무 흔하게 쓰여서 더 이상 비유적인 힘을 갖지 못한 은유적 표현을 '사은유'deadmetaphor라고 합니다. 누구나 연결 지을 수 있는 개념의 연결은 어떠한 힘도 낼 수 없습니다.

유추는 지성의 핵심이다

— 흔히 유추의 강력한 힘을 가장 잘 증명하는 사례로, 제1장에서도 등장했던 헬렌 켈러의 일화를 꼽습니다. 보지도, 듣지도, 말하지도 못하는 헬렌 켈러가 어떻게 여러 개의 언어를 습득하고 설득력 있는 글로 사람들의 마음을 울렸을까요? 그녀는 '자신이 세상을 이해할 수 있었던 것은 자신이 지각할 수 있는 것들과 그렇지 못한 것들 간에 수많은 연상과 유사성을 이끌어낼 수 있었기 때문'이라고 말합니다.[29]

> 나는 관찰한다, 나는 느낀다, 나는 상상한다. …나는 셀 수 없을 만큼 다양한 인상과 경험, 개념을 결합한다. 이 가공의 이미지를 가지고 내 머릿속에서 하나의 이미지를 만들어낸다. 세계의 안과 밖 사이에는 영원히 마르지 않는, 닮은 것들로 가득 찬 바다가 있지 않은가. …내가 손에 들고 있는 꽃의 신선함은 내가

맛본 갓 딴 사과의 신선함과 닮았다. 나는 이러한 유사성을 이용해서 색에 대한 개념을 확장한다. 내가 표면과 떨림과 맛과 냄새들의 특질에서 이끌어낸 유사성은 보고 듣고 만져서 찾아낸 유사성과 같은 것이다. 이 사실이 나를 견디게 했고 눈과 손 사이에 놓인 간극에 다리를 놓아주었다.

유사성을 인식하는 능력이야말로 지성의 핵심이라고 합니다. 헬렌 켈러가 직접 알 수 없었던 것을 자신이 알고 있는 것과 연결해 세계를 이해했듯, 학습은 유추에 의존하기 때문입니다. '하나를 듣고 열을 안다'는 속담이 있지요. 이는 영리하고 총명함을 이르는 말입니다. 자신이 알지 못한 것을 기존에 알고 있는 것들과 연결 지으며 이해의 폭을 빠르게 확장시키는 능력, 즉 유추의 힘을 표현한 말이라고 생각합니다.

공대에서 진행하는 심리학 수업에서 종종 학생들의 흥미 있는 과제물을 접하곤 합니다. 심리학 이론을 적용한 사례를 찾아 분석하는 과제를 내준 적이 있습니다. 그런데 어떤 학생들은 심리학 이론과 과학의 이론이 유사한 것 같다면서 자신이 알고 있는 과학 이론을 응용해 심리학 이론을 이해한 과정을 설명하기도 합니다. 공대생들이 발견한 유사성이 매우 적절해 무릎을 치게 되는 경우도 있습니다. 그도 그럴 것이 대부분의 심리학 이론은 자연과학 세계의 원리를 인간의 마음에 적용해 풀어낸 경우가 많습니다. 유명한 심리학자들은 대부분 자연과학을 연구한 과학자나 의사였으니까요.

창의적인 인물들의 사례를 연구하다 보면 다양한 분야의 지식을 이해해야 하는 경우가 꽤 있습니다. 그들의 사고 과정을 조금이라도 파악하기 위한 과정입니다. 하지만 물리와 수학과 같은 분야는 아무리 이해하려고 해도 좀처럼 개념 파악이 안 되는 경우가 많습니다. 그나마 학자나 저자의 비유적인 표현이 있을 때 눈을 조금 뜨게 되는 것 같습니다. 생소한 이론을 비유적으로 설명하는 과정에서 내가 알고 있는 지식과 유사한 부분을 발견하게 된다면 그들의 창의적인 결과를 이해하는 데 큰 도움이 됩니다. 물리 영역에서 접한 글 중에서 가장 인상 깊게 기억하는 비유적 표현은 프레드 울프Fred A. Wolf의 《양자도약》Taking the Quantum Leap의 서문에 나온 내용입니다.

책의 제목을 결정할 때 나는 '양자도약'이라는 말 속에 들어 있는 직유적, 은유적 의미를 모두 고려했다. 직유적 의미의 양자도약은 물질입자들이 연속적으로 움직이기보다, 작지만 폭발적인 점프를 계속하면서 움직인다는 뜻이다. …또한 은유적인 의미에서 양자도약은 지도 없이 미지의 세계로 뛰어드는 모험적 행위를 뜻한다. 이러한 모험은 성공 여부를 확신할 수 없는 일이며, 더욱이 어느 누구도 선뜻 감당하려 하지 않는 위험을 무릅쓰는 행위이기도 하다. 여러분과 나는 지금 그러한 모험을 하고 있는 중이다. 나는 이 책을 서술하는 모험을 선택했으며, 여러분은 이 책을 읽고자 하는 모험을 선택했다. 나의 동료들조차 때때로 이 책의 저술이 불가능한 일이라고 경고하곤 했다. "수학적 기초가 없는 사람들은 양자물리학을 결코 이해할 수 없다네."라고 말이다.[30]

비유와 회화로 가득한 《양자도약》은 제가 유일하게 끝까지 읽은 물리학 영역, 그중에서도 양자역학에 대한 책입니다. 여러분도 위대한 학자들의 창의적인 이론을 보고도 무슨 말인지 모를 때가 있지 않나요? 또 반대로 그런 상대에게 자신의 생각을 전해야 할 때가 있지 않나요? 이럴 때 우리는 유추의 힘에 의존할 필요가 있습니다. 잘 알려지지 않은 것과 잘 알려진 것 사이의 다리가 되어주는 것이 바로 유추의 힘이니까요.

유추 능력을
기르는 방법

아이들은 유추와 은유의 세계에서 살고 있습니다. 제 아들이 세 살 때쯤이었을 거예요. 아이가 젖은 수건이 걸려 있는 건조대에 얼굴을 묻으며, "우유야, 우유야. 아! 달콤하고 시원해."라고 하더군요. 아이에게 수건이 왜 우유인지 물으니, "부드럽고 시원하잖아. 아까 내가 마신 우유잖아." 하고 대답했습니다. 또 시소를 타면서 엉덩이가 들썩들썩하자, "엄마가 나를 뒤지개로 요리해주네!"라고 하기도 하고, 고무장갑을 두 발에 신고는 자신의 발이 공룡 발바닥이라면서 하루 종일 티라노사우루스가 되기도 했던 아이의 일화는 셀 수 없이 많습니다. 아이에게는 서로 먼 곳에 있는 대상 간 연결에 대한 제약이 없는 데다 이를 경험해보지도 않았으니 모든 것이 은유의 대상이 될 수

○ 천장에 달린 줄을 묶는 과제

밖에 없었던 것입니다.

그렇다면 우리는 왜 아이처럼 자유롭게 연결을 하지 못하는 걸까요? 유추 능력을 기르는 방법에 대해 이야기하기 전에, 무엇이 우리의 연결을 가로막고 있는지 생각해보고자 합니다.

우리의 생각은 얼마나 묶여 있을까

—　　　　　　　　실험 과제가 하나 있습니다.[31] 위의 그림처럼 천장

에 두 줄이 매달려 있고, 방 안에는 의자, 펜치 그리고 종이컵이 있습니다. 이것들을 활용해 두 줄을 묶는 과제입니다. 두 줄을 어떻게 묶을 수 있을까요? 단 두 줄은 두 팔을 벌렸을 때 서로 닿지 않는 거리에 달려 있으며, 줄을 잘라 묶으면 안 됩니다.

해결 방법을 찾았나요? 답은 의자에 올라가서 펜치를 한쪽 끈에 달고 추처럼 움직이게 해 다른 한쪽 끈과 가까워졌을 때 잡아서 묶는 것입니다. 막상 답을 듣고 나면 쉽다고 말하지만, 많은 사람이 이 과제를 의외로 해결하지 못합니다. 펜치에 대한 고정관념에서 벗어나지 못하기 때문입니다. 사람들은 보통 펜치를 끈 끝을 잡거나 자르는 용도로만 바라볼 뿐, 추의 역할을 할 수 있을 거라고 생각하지 않습니다. 이렇게 특정 사물을 특정 용도로만 사용해야 한다는 고정관념을 '기능적 고착'functional fixedness이라고 합니다. 기능적 고착은 지식을 고정된 인지적 틀에 넣어 지식 간에 자유롭게 연결되는 것을 가로막습니다.

기능적 고착에 대한 고전적인 실험 과제(양초 문제)를 하나 더 살펴보도록 하죠.[32] 오른쪽 그림처럼 실험 참가자들에게 압정이 들어 있는 상자와 양초 한 개, 성냥개비 몇 개를 줍니다. 그러고서 양초가 탈때 촛농이 바닥에 떨어지지 않게끔 양초를 코르크 벽에 고정시켜보라고 지시합니다. 어떻게 하면 되냐고요?

아주 간단합니다. 상자에서 압정을 빼서 상자를 코르크 벽에 꽂고

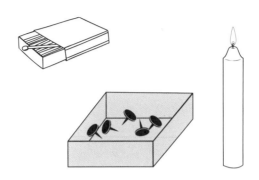

○ 양초 문제

양초를 상자 안에 세워놓으면 됩니다. 그런데 대부분 압정과 양초와 성냥개비만 활용하려고 하죠. 상자를 활용할 생각을 하지 못해 문제를 해결하지 못하는 경우가 많습니다. 압정을 담아둔 상자는 그저 압정 상자로만 그 용도를 제한해버리기 때문이죠.

　흥미롭게도 상자를 압정과 분리해서 제시하는 상황에서는 너무나 문제를 쉽게 해결합니다. 이때에는 압정과 더불어 상자를 문제 해결을 위한 하나의 도구로 인식하기 때문입니다. 이렇게 '하나의 맥락' 안에서만 머무르는 기능적 고착은 우리의 생각을 틀 속에 가둬버립니다. 특히 다른 맥락과의 연결, 즉 창조적 모방에 큰 걸림돌이 됩니다.

압정을 담은 상자를 보지 못한 것처럼 우리는 자연스레 보고 싶은 것만 보고, 듣고 싶은 것만 듣게 됩니다. 자신이 알고 있는 지식의 틀에서 벗어나려 하지 않는 기능적 고착이나 자기에게 유리한 정보만 선택적으로 보고 수집하는 '확증편향'confirmation bias도 이와 연관된 인지적 한계입니다. 이러한 인지적 한계에서 벗어나려면 어떻게 해야 할까요?

우리는 창의적인 아이디어를 떠올리는 사람들을 보면서 그들이 어떻게 그토록 멀리 떨어져 있는 개념을 연결시켰는지 감탄합니다. 하지만 뇌 과학자인 보 로토Beau Lotto는 '실제로 그들(창의적인 사람들)에게는 서로 다른 개념들이 그렇게 멀게 느껴지지 않을 것'이라고 말합니다.[33] 인지적 편향이 없는 그들의 개방적인 태도가 핵심입니다. 특히 새로운 지식이나 경험을 접했을 때 뇌 속에서 구분해 저장하거나 거리를 두지 않기 때문에 쉽게 서로를 연결시킬 수 있다는 것이죠. 이렇듯 기능적 고착에서 벗어나려면 사물을 의도적으로 낯설게 보는 것처럼, 먼저 열린 마음으로 관찰을 해야 합니다(이 부분은 제1장에서 살펴본 낯설게 하기를 참고하세요). 어떤 사물을 볼 때 '그것이 무엇인가?'에 집중하기보다 오히려 '그것이 무엇이 될 수 있을까?'에 주의를 집중함으로써 그 사물에서 발견할 수 있는 새로운 특성, 용도, 가능성을 깨닫는 습관을 갖는 것이죠. 그리고 틈틈이 서로 관련 없는 것들을 강제로 연결 짓는 사고 연습을 해보는 것입니다. 유사성을 찾는 훈련은 기능적 고착 문제를 넘어서서 아이디어 발상법으로 써도 꽤 유용하답니다.

생각하지도 못한 곳에서 나오는 아이디어

—   언젠가 굉장히 유명한 광고기획자에게 이런 질문을 한 적이 있습니다. "아이디어를 내는 특별한 비법이 있나요?" 그가 이런 대답을 내놓았습니다. "문 앞에 단어 상자를 놓아둡니다. 출근할 때 그 상자에서 세 장을 꺼내어 주머니에 집어넣죠. 어떤 단어인지는 나중에 펴봐야 알 수 있습니다. 그리고 나중에 아이디어가 떠오르지 않을 때 주머니에서 하나씩 쪽지를 펼쳐봅니다. 실제로 전혀 상관없는 단어를 보고 있다 보면 제가 고민하는 디자인과 연결이 되는 경우가 있답니다."

창의적인 아이디어는 '지금부터 시작!' 하고서 억지로 생각한다고 쉽게 떠오르는 것이 아닙니다. 하지만 뭔가에 가로막혀 더 이상 생각이 진척되지 않을 때, 관련 없는 것을 강제로 연결해보는 시도는 의도치 않은 아이디어를 떠오르게 해줄 때가 있습니다. 전혀 상관없는 단어를 보며 아이디어를 떠올리는 것과 비슷한 과정으로 이야기를 만들어가는 과제를 낸 적이 있습니다. 일곱 살 정도 되는 아이가 빨간 풍선을 손에 쥔 채 걷고 있는 그림을 보여주며 이에 대한 글을 독창적으로 쓰는 과제입니다. 이 과제에는 조건이 하나 있습니다. 제가 제시하는 관련 없는 한 문장을 반드시 넣어 이야기를 구성해야 한다는 점입니다. 여기에는 다른 그림을 담아보았는데요. 옆 페이지에 있는 비상계단에 홀연히 묶여 있는 빨간 풍선을 보고 이 장면에 대한 짧은 글을 한번 지어보세요. 책꽂이에 꽂혀 있는 소설책 한 권을 뽑아 문장 하나를 선택해 여러분의 스토리에 연결해보는 거죠.

이와 같이 어떤 장면을 눈에 보이는 대로 그냥 글을 쓰라고 했을 때와 맥락 없는 문장 한두 개를 던져주면서 그 문장들을 반드시 넣어서 글을 쓰라고 했을 때 어떤 글이 더 흥미로울까요? 당연히 후자의 경우가 창의적일 확률이 훨씬 높습니다. 이처럼 관련 없는 엉뚱한 문장 간의 간격을 의도적으로 채우고 연결하는 연습을 하면 평소 사용하지 않는 새로운 뇌의 영역을 사용하게 된다고 뇌 과학자들은 설명합니다.

강제로 연결해보는 습관

—   세상에는 아이디어를 떠오르게 하는 창의적 사고 기법들이 너무나 많습니다. 저는 제 강의에서 그런 사고기법을 강조

하지 않습니다. 창의성을 깨우기 위해서는 그보다 더 중요한 것들이 훨씬 많으니까요. 그래도 그중에서 추천하는 사고기법들이 몇 가지 있는데, 대표적인 것이 '강제연결법'Forced Connection Method입니다. 강제연결법은 서로 관계가 없어 보이는 사물이나 아이디어를 강제로 연결시켜봄으로써 새로운 아이디어를 생성하는 기법입니다. 앞에서 이야기한, 주머니에 '아무' 단어들을 넣어두고 자신의 과제와 연결하는 광고기획자의 비법과 동일합니다. 보통 더 이상의 아이디어가 떠오르지 않을 때 이 기법을 사용하면 효과적입니다. 또 연구하는 대상과 대상 사이에 어떤 공통점도 없어 보일수록, 기존의 관념에서 한참 벗어난 주제일수록 참신한 생각을 떠올릴 수 있습니다.

방법은 아주 간단합니다. 먼저 무작위로 선택된 단어('징검다리'라고 일컫습니다)에서 생각나는 것을 적습니다. 적어도 다섯 개 이상 적어보세요. 그다음, 선택된 단어를 통해 생각나는 것들과 해결해야 하는 과제('도전과제'라고 일컫습니다)를 강제로 연결해 아이디어를 기록합니다. 실제로 강의에서 활용하는 다음의 예시를 보면 이해가 쉬울 겁니다.

'새로운 종이를 개발한다'는 도전과제를 위한 아이디어를 모으는 연습입니다. 강제로 연결하는 대상이자, 무작위로 선택된 단어는 '쥐'입니다. 먼저 쥐를 떠올렸을 때 생각나는 특성을 정리하고, 그다음에 과제 대상인 종이와 연결해 기술합니다.

강제연결법 예시

징검다리: 쥐

도전과제: 새로운 종이 개발

쥐의 특성	아이디어
털이 부드럽다	털이 있는 종이를 만들어 보온성 용도로 활용한다
벽을 잘 탄다	접착제 필요 없이 벽지로 사용할 수 있는 종이를 개발한다
실험용으로 이용된다	인체의 아픈 곳에 붙이면 색깔이 변하는 종이를 개발한다
밤에 활동을 많이 한다	어두운 방에서도 전기불 없이 사용할 수 있는 야광지를 만든다
병균을 옮긴다	감기 등 전염병을 예방하는 종이를 개발한다

이런 방식으로 접근한 아이디어는 다소 엉뚱하고 허무맹랑해 보일 수 있지만, 생각의 전환을 가져오는 데 많은 도움이 됩니다. 강제연결법의 이점이 바로 상관없는 것을 연결하는 습관을 기를 수 있도록 도와주는 것이기 때문이죠. 또 실제로 생각보다 꽤 많은 아이디어를 모을 수 있습니다. 제시되는 단어에 따라 각각 다른 아이디어가 떠오르기 때문입니다. 예시로 들었던 것처럼 생각의 징검다리가 꼭 단어일 필요는 없습니다. 사진이나 그림, 그 순간 눈에 띄는 어떤 대상도 좋습니다. 여러분도 꼭 한번 해보길 바랍니다.

연결할 재료들을 충분히 마련해놓는다

—　　　　　창의적인 아이디어에 관한 일화를 보면, 머릿속에서 관련 없다고 인식한 개념들이 자연스럽고 우연히 연결되는 순간을 경험했다는 이야기들이 종종 등장합니다. 어떻게 그토록 자연스런 연결이 이뤄지는 걸까요? 누구보다 창의적이고 획기적인 아이디어로 주목을 받은 세 사람이 아이디어를 얻었던 경험에 대해 이야기한 것을 살펴보도록 하죠. 그들의 경험에서 공통점을 찾아볼 수 있을 겁니다.

> 인스타그램의 필터 기능은 피렌체에서 들었던 사진학 수업에서 영감을 받은 거예요. 사진학 교수님은 그 당시 유행하던 홀가라는 스퀘어 포맷 카메라를 건네주며 사용해보라 했죠. 그리고 필름을 현상할 때, 화약약품을 넣으면 이미지를 변조할 수 있다고 말씀하셨습니다. 약품을 주입하자 색상이 희한한 보라색으로 바뀌기 시작했고, 이런 변화가 정말 멋지다고 생각했었죠. 그 아이디어는 그로부터 5년 동안 머릿속 어딘가에 잠복해 있다가 갑자기 떠올랐어요.[34]
>
> _케빈 시스트럼 Kevin Systrom, 인스타그램 창업자

저는 미술관을 둘러보는 것을 좋아하는데, 그때 울림이 있었던 작품은 기억하고 싶어서 엽서를 사옵니다. 어느 날 앙리 루소의 〈꿈〉이라는 작품을 보고 낯선 세계에 온 듯한 감동을 받았어요. 그래서 엽서를 사서 책상 밑에 넣어놨습니다. 한 3년 후, 광고를 기획하는 회의에서 "우리 낯선 이미지를 통한 커뮤니케이션을 시도해보자"라는 말이 나왔는데, 이 그림이 생각나는 거예요. 저는 엽서를 아트디렉터에게 가져갔고, 이를 모티브로 광고 'See the unseen broadband'가 만들어졌지요.[35]

_박웅현, 크리에이티브디렉터

리드 칼리지에 입학하고 6개월 후, 자퇴를 했습니다. 어차피 자퇴한 상황이라, 정규 과목을 들을 필요가 없었기 때문에 서체 수업을 청강했지요. 그때 세리프와 산세리프체, 다른 글씨의 조합과 여백의 다양함, 그리고 무엇이 타이포그래피를 아름답게 만드는지를 배웠습니다. 하지만 이런 경험 어느 하나라도 제 인생에 도움이 될 것 같지는 않았어요. 그러나 10년 후 첫 번째 매킨토시를 구상할 때, 그것들은 고스란히 빛을 발했습니다. 우리가 설계한 매킨토시에 그 기능을 모두 집어넣었으니까요. 그것은 아름다운 서체를 가진 최초의 컴퓨터였습니다.[36]

_스티브 잡스, 애플 창업자

위 세 사람이 말하는 아이디어의 '출처'는 무엇일까요? 생각을 연결하려면 연결할 재료들이 있어야 합니다. 거리가 먼 아이디어 간의 연결이 일어나려면, 과제와 직접 연관이 있는 '특정 자료'보다 '일반 자료'가 중요합니다. 일반 자료는 특정 주제에 한정된 자료가 아닌, 말 그대로 인생 전반에 걸쳐 틈틈이 쌓아온 다양한 경험들의 기록을 말합니다. 즉 인생을 통해 모아온 다양한 경험이야말로 유추를 위한 재료들이며, 창의성의 자산이라는 말입니다. 세 사람의 이야기처럼, 아이디어는 과거에 자신이 겪은 경험과 의도치 않게 연결된 순간에 나옵니다. 우리가 마주칠 모든 크고 작은 다양한 경험들은 그 당시엔 그 가치를 알아보지 못하더라도, 훗날 중요한 소스가 될지 모른다는 것이죠.

창의적인 사람들이 자신의 전문 분야 외에도 다른 분야에 대한 높은 지식을 갖고 있다는 것은 놀랄 만한 일이 아닙니다. 창의적인 사람들이 가진 성격의 공통점 중 하나는 '다양한 분야에 대한 관심'입니다. 창조적 모방, 유추의 메커니즘을 생각해보면 놀랄 만한 일도 아니지요. 창조적 모방은 먼 곳에서 아이디어의 소스를 가져오는 것입니다. 다윈은 지질학에서 진화론의 영감을 얻었으며, 프로이트는 정신구조를 설명할 때 수리학과 의학 모델에서 많은 부분을 빌려왔습니다. 〈뷰티풀 마인드〉라는 영화의 실제 주인공으로 알려진 경제학자 존 내시John F. Nash는 토요일마다 친구들과 하던 포커게임에서 경제학의 균형 이론이라는 아이디어를 찾아냈습니다. 독일 물리학자 막스 플랑크Max Planck는 전자의 움직임과 진동하는 현의 유사성을 발견해 그의 양자론을 정립했지요. 플랑크는 한때 음악 쪽 진로를 생각할 만큼 음악적 재능과 관심이 높았다고 해요. 이렇게 관련 없는 영역을 연결 짓기 위해서는 아이디어를 가져오는 '먼 영역'에 대한 강렬한 관심과 경험 없이는 불가능합니다.

저는 대학 시절을 떠올리면 몇 가지 후회되는 점이 있습니다. 대학을 졸업하고 책장을 쳐다봤을 때 심리학 서적들이 거의 9할을 차지하고 있었습니다. 그 당시에는 전공 공부에만 집중한 것이 뿌듯하게 느껴졌는데, 돌이켜보니 참 바보 같았다는 생각이 듭니다. 책장에 자연과학, 소설, 철학, 시집과 같은 다양한 분야의 책들이 함께 꽂혀 있었더라면 좋았을 텐데 말이죠. 그리고 복수전공까지는 아니더라도 다양한 전공의 수업을 듣지 않은 것도 후회됩니다. 내가 선택한 전공 안에서만 허우적거리기만 했습니다. 우리 사회는 꿈도, 직업도 일찍 정해야 한다는 압박이 있는 것 같아요. 하지만 자신의 창의적인 능력을 온전히 펼쳐 보이기 위해서는 일찍부터 한 분야에만 매몰되는 것보다는 조금 더 넓게 세상을 경험하는 시간이 필요합니다. "나는 깊게 파기 위해 넓게 파기 시작했다."라는 철학자 스피노자의 말처럼 말이죠.

경험은 생각의 나비효과를 일으킨다

'나비효과'는 나비의 작은 날갯짓이 엄청난 날씨 변화를 일으키듯, 미세한 변화나 작은 사건이 추후 예상하지 못한 엄청난 결과로 이어진다는 것을 의미하는 법칙입니다. 우리 인생에도 나비효과가 있습니다. 과거의 경험은 현재와 미래에 촘촘히 연결되어 있죠. 그 작은 연결이 쌓이고 쌓여 생각지도 못하는 파장을 일으킬 수 있습니다.

서로 관련 없어 보이지만 관련되어 있다는 점을 인지하는 것. 이것이 바로 창의적 사고의 시작이자 바로 그 자체입니다. 우리 인생의 경험들이 서로 상관없어 보이지만 서로 연결되어 있다는 점을 인지하는 것. 이것이 바로 창의적인 삶의 태도입니다. 현재 자신이 무언가에 꽂혀 있다면, 바로 그 관심과 노력이 앞으로 자신의 삶에서 (언제인지, 어떤 식으로인지는 알 수 없지만) 다른 무언가와 연결된다는 확신이 자신이 선택한 행동에 대한 자신감을 심어줄 수 있지 않을까요?

아이를 키우는 분들이 저에게 꼭 물어보는 것이 있습니다. "아이의 창의성을 키우려면 뭘 가르쳐야 하죠? 추천할 만한 교육센터가 있나요?" 창의성은 절대로 아이에게 무언가를 주입하는 식의 교육으로 기를 수 있는 것이 아닙니다. 오히려 '교육'이라는 명목으로 아이들의 창의성 계발을 저해할 확률이 더 높습니다. 자신의 인생을 스스로 개척하고 '진정한' 창의성을 펼치면서 사는 아이가 되길 바란다면, 많은 것들과 관계를 맺을 수 있도록 도와주어야 합니다.

다양한 문화에 대한 경험이 창의성을 향상시킨다는 연구가 있습니다. 압정 상자에 양초를 세우는 기능적 고착 실험을 떠올려보세요. 기능적 고착과 관련해, 해외 체류 경험이 있는 대학생 집단과 그렇지 않은 집단으로 나눠 똑같은 실험을 실시한 결과, 해외에서 살아본 경험이 있는 학생들이 고정된 틀에서 벗어나 해답을 내놓은 비율이 훨씬 높았습니다.[37] 이 결과에 해외에 꼭 나가보아야 열린 생각을 하게 된다는 의미로 오해는 하지 않기를 바랍니다. 굳이 해외가 아니어도 새로운 곳에 발을 내딛고, 틈틈이 많은 것을 보고, 다양한 책을 읽고, 다양한 사람들을 만나보는 것. 창의성을 깨우는 데 이러한 경험보다 큰 자산은 없습니다. 이런 작은 경험들이 연결되어 예측할 수 없는 창의성의 나비효과를 불러일으킬 테니까요.

창의적인 아이디어는 소위 '천재'라고 생각하는 사람들의 전유물이 아닙니다. 이 장에서 다루었던 모방과 유추의 키워드를 자신의 삶에서 고민하고 연습한다면 기존의 것을 뛰어넘는 나만의 것을 생각해낼 수 있습니다.

그럼 창조적 모방을 위한 다음의 아홉 가지 질문에 답해봅시다.

- 나는 한 대상에 대해 깊이 있게 관찰하고 배우는가?
- 나는 배움에 대한 열정이 있는가?
- 나는 틀에 얽매이지 않는 개방적 태도를 지니고 있는가?
- 나는 사물을 볼 때 '그것이 무엇일까?'보다는 '무엇이 될 수 있을까?'를 생각하는가?
- 나는 관련 없는 것을 의도적으로 연결해보려는 습관을 지니고 있는가?
- 나는 삶에서 틈틈이 다양한 경험을 쌓으려 하는가?
- 나는 지금의 경험이 훗날 어떤 식으로든 연결될 것이라는 신념이 있는가?
- 나는 많은 것들과 관계 맺으려 노력하는가?
- 그래서, 나는 창조적으로 모방하고 연결해 나만의 새로운 생각을 만들어내는가?

창조 과정에서 진정한 모방은 한 대상에 대해 깊이 관찰하고 배우며, 그것에서 아무도 보지 못한 특성을 찾아 연결하는 것입니다. 이를 위해서 배움에 대한 열정을 갖는 것, 틀에 얽매이지 않는 개방적 태도로 세상을 보는 것, 자유롭게 연결할 수 있는 습관을 기르는 것 그리고 삶에서 틈틈이 다양한 경험의 재료들을 축적해놓는 것을 잊지 않았으면 합니다.

세 번째 질문

ㅇ

나는 몰입하는가

모두들 내가 너무 빨리 작업을 한다고 생각할 것 같아 네게 미리 말해두는 거야. 그런 말을 믿어서는 안 된다고. 우리를 인도하는 건 자연에 대한 진실한 느낌과 감정이 아닐까. 이런 감정들이 때로 너무 강렬해서 일한다는 느낌조차 없이 일을 한다면, 또 그림의 터치 하나하나가 다음 터치로 이어지고 이들 사이의 관계가 담화나 편지의 단어들 같다면, 이럴 때 기억해야 할 것이 있단다. 지금까지 늘 그렇지는 않았다는 것, 또 앞으로도 전혀 영감이 떠오르지 않는 어려운 시기가 있으리라는 걸 말이야. 그러니까 쇠는 뜨겁게 달았을때 두드려야 하며, 그렇게 만들어진 막대기들을 쌓아두어야 하는 거야.[38]

_반 고흐가 테오에게 보내는 편지 중에서

누구나 살아가면서 단 하나에 몰두했던 순간이 있습니다. 그 강렬한 순간은 궁극적으로 자신이 참 괜찮은 사람임을 느끼게 해주는 경험이 되죠. 이 장 주제는 이러한 집중의 경험, 즉 '몰입'입니다. 몰입은 플로우flow라는 심리학 용어를 우리말로 번역한 단어인데, 제 수업에서는 플로우라는 단어를 그대로 씁니다. 이 용어가 담고 있는 '흐름'의 의미를 살리고 싶기 때문이죠. 이 용어를 창시한 미하이 칙센트미하이Mihaly Csikszentmihalyi 교수는 자신의 일에 빠져든 사람들을 인터뷰하면서 그들이 자신의 경험을 묘사할 때 '물 흐르듯 자연스레 흘러가는 느낌'을 의미하는 '플로우'라는 단어를 공통적으로 사용하는 것을 발견하고는, 이 단어를 몰입 상태를 의미하는 심리학 용어로 그대로 사용했다고 합니다.

보통 몰입을 강의 주제로 가져가면 학생들은 어리둥절해합니다. 창의성 수업에서는 새로운 아이디어를 내는 법이나 창의적인 문제 해결에 관한 내용만을 다룰 거라고 생각했을지 모르겠습니다. 창의성을 남들과 다른 생각이나 새로운 무언가를 만들어내는 것으로 한정 짓지 않았으면 합니다. 삶에서 창의성을 발휘한다는 것은 자신이 지닌 능력을 '온전히 펼쳐 보이는 것'fully-functioning이기 때문입니다.[39]

이때 몰입은 자신의 능력을 최대치로 끌어내는 최적의 상태이자 성장의 과정입니다. 몰입의 과정을 통해서 자신이 무엇을 해결할 수 있는지, 어떤 잠재력을 갖고 있는지를 발견하고 성장할 수 있으니까요. 더불어 자신의 능력을 온전히 펼치는 삶은 (아리스토텔레스 시절부터 알려진) 인간의 행복과 관련이 있습니다. 삶에 만족을 가져다줄 수 있는 다양한 요인들이 있겠지만, 궁극의 행복감은 내가 가진 고유한 능력을 온전히 발휘하는 삶을 살고 있을 때 얻을 수 있는 것 아닐까요? 우리 모두가 지닌 '성장의 욕구'를 채우는 삶 말이에요.

여러분은 무언가에 깊게 몰두하고 있는 사람이 마냥 부러운 적은 없나요? 창의적인 인물들은 누구보다도 몰입의 시간들로 자신의 삶을 채웠던 사람들입니다. 몰입을 경험할 수 있는 능력은 누구에게나 있지만, 그 경험의 빈도와 강도는 사람마다 뚜렷한 차이를 보입니다. 이러한 차이가 창의적인 삶을 결정한다고 합니다. 몰입에 대해 수많은 연구들은 모두 "삶에서 몰입을 많이 경험할수록 더 많이 행복하고 더 창의적인 성취를 이룬다."는 일관된 결론을 제시하고 있습니다. 우리가 조금 더 행복하고 창의적인 사람이 되길 원한다면 그들을 마냥 부러워할 것이 아니라, 어떻게 하면 몰입을 더 많이 경험할 수 있을지를 고민해야 하지 않을까요?

이번 장에서는 어떻게 삶을 몰입의 시간들로 채워갈 것인지를 고민해보려 합니다. 자신의 몰입 경험을 떠올려보는 것에서부터 시작해서 몰입의 조건들을 하나씩 이해해가면서요. 몰입이라는 주제가 다소 무거울 수 있습니다. 그래도 창의적인 삶에서 꼭 알아두어야 할 과정이라고 생각해요. 몰입의 과정 없이는 창조의 결과도 없기 때문입니다.

몰입, 집중을 넘어선
완벽한 주의 집중

영화 〈빌리 엘리어트〉를 보면 주인공 빌리가 발레 학교에서 면접을 보는 장면이 나옵니다. 면접관의 차가운 반응에 풀이 죽어 돌아가려는 그에게 면접관이 마지막 질문을 합니다.

"빌리, 춤출 때 어떤 기분이 들지?"

빌리는 이렇게 답합니다.

"처음엔 약간 어색하긴 하지만 일단 춤을 추는 순간 저는 모든 걸 잊어요. 마치 내가 공중으로 사라지는 느낌이에요. 내 몸 안에 불길이 치솟고 난 거기서 날아가요. 마치 새처럼. 마치 감전된 것처럼. 그래요. 감전된 것 같아요!"

몰입은 자신이 하는 일에 깊이 빠져들어 시간의 흐름도, 일상의 걱

정거리도, 심지어 나 자신도 잊게 되는 무아지경의 심리 상태를 말합니다. 빌리는 절정의 몰입 상태를 정확히 표현한 것이죠. 누구나 정도의 차이는 있지만, 단 하나의 무언가에 오롯이 집중하는 순간을 경험하고 이때 평소와 다른 자신의 능력을 펼치게 됩니다.

몰입의 다섯 가지 상태

—　　　　　　　　몰입에 빠졌을 때 우리의 의식과 정서가 어떤 상태인지 조금 더 구체적으로 살펴볼까요? 첫 번째로 생각과 행동이 완전히 하나가 된 느낌이 듭니다. 그래서 모든 것이 물 흐르듯 자연스럽게 이루어지는 현상을 경험합니다. 무언가 해야겠다는 생각이 번뜩 떠오르자마자 저절로(애쓰지 않았는데도) 행동으로 옮겨지는 것처럼 말이죠.

둘째, 몰입 상태에 빠지면 시간의 감각이 왜곡되는 것을 가장 흔하게 경험합니다. 누구나 어떤 것에 몰두했을 때 시간이 굉장히 빠르게 지나가버린 경험이 있을 겁니다. 한두 시간 정도 지난 것 같은데 반나절이 지났다거나 밤을 새거나 식사시간을 놓친 경험 말이에요. 반대로 1초가 1분처럼, 마치 슬로모션처럼 느껴지는 경험도 있습니다. 야구선수들이 타율이 좋은 날이면 "야구공이 수박만 하게 보인다."

고 하는 것과 비슷합니다. 일반인의 눈에는 보이지도 않는 빠른 속도의 공이 온전히 경기에 몰입하고 있는 그들에게는 천천히 날아오는 것처럼 느껴지는 거죠. 평소 우리는 시간에 굉장히 집착합니다. 몇 시나 되었는지, 얼마나 시간이 흘렀는지 자주 시간을 확인합니다. 그런데 몰입할 때는 시간을 절대 확인하지 않습니다. 시간의 흐름 자체를 잊기 때문이죠. 우리가 만약 무언가 하고 있을 때 시계를 쳐다본다면 그 일에 온전히 빠져들지 못한 겁니다.

셋째, 몰입 상태에서는 현재 자신이 하고 있는 행위 외에 모든 것을 잊게 되므로 남들에게 그 일이 어떻게 보이는지, 어떻게 평가될지 신경 쓸 겨를이 없습니다. 이를 자의식의 상실이라고 합니다. 창의적인 작업을 방해하는 주변의 시선과 평가, 실패의 두려움으로부터 자연스레 자유로워지는 것이죠. 〈무릎팍도사〉라는 TV 프로그램에서 첼리스트 장한나는 "연주할 때의 일그러진 얼굴 표정은 집중하기 위한 인위적인 표정입니까?"라는 질문에 이렇게 대답합니다.

"제 나이에, 저도 여자인데, 일부러 수천 명 앞에서 그런 표정을 짓겠어요? 그런데 연주할 때면 그런 생각을 할 여유가 없어요. 무대에서 가장 중요한 것은 나란 존재를 잊어버리는 것이에요. 나란 존재를 잊어버려야 좋은 연주가 가능해요. 음악에만 집중하는 거죠. 연주할 때 제 손이 무엇을 하는지도 몰라요. 알고 싶지도 않아요. 왜냐하면 제 손이 무얼 하는지 생각하는 순간에 음악과 하나가 되는 끈을 놓쳐요. 수많은 청중 앞에서 긴장된다는 생각보다 그냥 제가 음악이 나오는 하나의 통로가 되는 거죠."

자신을 잊어버리고 주변의 평가도 잊은 채 행위와 하나가 된다는 그녀의 대답이 정확히 자의식이 사라지는 몰입의 경험을 이야기하고 있었습니다.

넷째, 몰입 상태에서는 내가 마음먹은 대로 일(행위)을 진행할 수 있겠다는 자신감, 즉 통제감을 느낍니다. 몰입 상태에서는 어려운 상황에 처하거나 예기치 못한 일이 발생할 경우에도 일이 잘못되고 있다는 느낌이나 두려움이 덜 생깁니다. 그보다는 오히려 잘 해낼 수 있다고 느끼고, 실제로 그 상황에 대해 능숙하게 대처해나갈 확률이 높다고 합니다. 칙센트미하이는 몰입 경험의 가장 큰 장점은 '자신의 삶을 스스로 통제하고 있다는 사실'이라고 했습니다.[40] 몰입과 중독을 구분하는 주요 기준이 바로 이 심리적 통제감이 있느냐 없느냐에 있기도 합니다.

마지막으로, 몰입은 그 과정 자체에서 즐거움과 행복감을 느낍니다. 행위 자체에 푹 빠졌으니 결과를 생각할 겨를도 없어요. 그리고 그 행위가 이미 충분한 만족감을 가져다줍니다. 결과가 주는 외적인 보상이 아니라, 그 일 자체가 주는 즐거움이 계속하게 하는 이유가 됩니다. 따라서 몰입을 말할 때 내적으로 동기화된 행동, 즉 자기목적적 경험autotelic experience(autotelic은 그리스어로 'auto'(자기)와 'telos'

〔목적〕가 합쳐진 단어로, 그 자체로 의미를 갖거나 목적이 되는 행동을 의미한다)이라고도 합니다.

제트 엔진과 뇌파측정기를 발명한 프랭크 위틀Frank Whittle은 "난 문제 푸는 것 자체가 너무 좋아요. 고장 난 식기세척기건, 말을 안 듣는 자동차건, 신경 구조건 간에 말이에요. 문제를 푸는 것처럼 흥미진진한 일이 또 있을까요?"[41]라고 말했습니다. 이처럼 많은 창의적인 인물들은 자신의 일을 얼마나 '놀이'처럼 즐기고 있는지를 누누이 강조합니다. 성공을 보장하지 못하는 도전적인 작업을 선택하는 그들에게 일 자체가 주는 즐거움은 포기할 수 없는 가장 큰 보상인 것이죠.

칙센트미하이는 돈과 명예를 바라지 않고 자신의 일 자체에 매료된 사람들을 인터뷰하면서 놀이와 일이 놀라울 만큼 유사하다는 점을 발견했습니다. 심지어 그들에게는 일이 여가보다 즐기기 쉽다고 말합니다.[42] 강의 중에 자신의 몰입 경험을 떠올리라고 했을 때, 학생들은 어려운 수학 문제를 풀 때, 악기 연주 연습을 할 때, 글을 쓸 때, 시험공부를 할 때, 운동경기를 할 때처럼 소위 '생산적'이라 말하는 (일의 범주에 해당되는) 활동을 높은 빈도로 떠올립니다. 더불어 이런 경험이 행복감과 성취감을 가져다주었다고 말합니다. 칙센트미하이는 그의 책에서 일과 놀이에 대한 생각을 다음과 같이 적었습니다.

일과 놀이에 대한 분열을 화해시키는 한 가지 방식은 일이 놀이보다 반드시 더 중요할 필요는 없으며, 놀이가 일보다 반드시 더 즐거운 것은 아니라는 점을 깨닫는 것이다. 중요한 것은 새로운 능력을 성장시킬 수 있는 도전적인 환경에서 최대한 자신의 능력을 펼치며 행동하는 것이다. 그 환경이 일인지 놀이인지, 혹은 생산적인 일인지 여가인지는 중요치 않다. 우리로 하여금 몰입을 경험하게 만든다면 둘 다 똑같이 생산적인 것이다.[43]

집중과 몰입, 99도와 100도의 차이

— 몰입 상태에서는 집중의 차원을 넘어서 행동과 의식이 마치 물 흐르듯 자동으로 흘러가는 상태를 경험합니다. 그렇다면 몰입은 주의 집중과 어떠한 차이가 있을까요? 주의 집중은 의도적으로 정신을 한 곳에 집중하는 것입니다. 주의력을 모은다는 점에서 몰입과 유사합니다. 주의 집중과 몰입은 하나의 연결선상에 있으며, 몰입은 집중력에 따라 크게 촉진됩니다. 보통 어떤 일을 하든 처음부터 몰입 상태에 들어가는 것이 아니라 '집중하기'로 시작해서 '몰입'의 상태로 나아가니까요.

그러나 이 두 가지 개념은 질적인 차이가 있습니다. 그 차이를 물이 끓는 것에 비유해볼게요. 물의 온도가 올라가 99도까지 되는 과정이 집중의 상태라면 1도가 더해져 물이 끓게 되는 상태가 바로 몰입의 상태입니다. 우리가 어떤 일에 의도적으로 집중할 때를 생각해보세요. 처음에는 정신을 모으기 위해 눈에 힘을 주고 피곤함도 느끼죠. 그리고 의도적으로 특정 과제에 몰두하려 하면서 주의의 협소화가 나타납니다. 반면 몰입은 의도적인 것을 넘어서 자연스럽게 물 흘러가듯 의식의 흐름이 이루어지고, 피곤함도 거의 느끼지 못합니다. 이런 상태에서는 의외로 의식의 경계가 허물어지면서 의식의 곳곳에 숨어 있던 서로 관련 없는 생각들끼리 연결되는 경우가 많습니다. 머릿속에서 이러한 비선형적 연결이 일어날 때 우리는 문제를 새로운 관점으로 볼 수 있게 됩니다. 이것이 창의적인 문제 해결을 이끄는 과정입니다.

몰입과 집중의 차이를 좀 더 정확히 확인하려면 각 상태마다 우리의 뇌에서 분비되는 신경 전달 물질이 무엇인지를 보면 됩니다. 몰입 상태에 들어설 때는 단순한 집중의 상태와 달리 도파민과 노르아드레날린, 아세틸콜린이 분비되며 이러한 호르몬은 우리가 자연스레 일에 집중하도록 만들어줍니다. 특히 도파민은 쾌락과 행복감, 몰입 및 의욕과 관련된 감정을 느끼게 하는 신경 전달 물질입니다. 적절한 양의 도파민은 에너지와 의욕을 충만하게 만들어주고 이를 통해 몰입 효과를 극대화시켜줄 수 있다는 것이 전문가들의 연구 결과입니다. 또한 아세틸콜린은 호기심과 학습 능력을 이끄는데, 이 호르몬이 많이 분비되는 이들이 바로 쉼 없이 세상을 탐색하는 아이들입니다.

최근 뇌 과학 연구 결과에 따르면, 집중의 상태에서는 문제 풀이, 스트레스와 관련된 베타파 부분이 활성화되는 반면, 무념무상의 몰입 상태에서는 평온한 휴식 상태에서 발생하는 뇌파인 알파파 구역이 활성화된다고 합니다. 이는 자연스레 물 흘러가듯 이루어지는 몰입의 상태에서 단순히 집중한 상태일 때보다 에너지가 훨씬 더 적게 쓰인다는 점이 경험적으로 증명된 결과입니다.

무언가에 깊이
빠져본 적 있나요?

우리는 모두 몰입의 상태를 경험할 수 있습니다. 하지만 그 경험의 빈도와 강도는 현저히 다를 것입니다. 어떻게 하면 우리 삶을 몰입의 시간들로 더 많이 채울 수 있을까요? 몰입하는 삶을 살기 위해서는 몰입의 조건을 이해하고 자신에게 맞는 전략을 세우는 연습을 해야 합니다.

몰입의 조건을 이야기하기 전에 자신의 몰입 경험을 떠올리는 것부터 시작해보려 합니다. 종이와 펜을 준비한 후, 먼저 시간의 흐름도 잊고 무언가에 깊이 빠져들었던 경험을 떠올려보세요. 최근에 그런 경험을 한 기억이 없다면 어린 시절로 돌아가도 좋습니다. 어떤 경험이든 강렬했던 기억을 떠올려보고 다음 질문에 따라 적어보세요.

• 어떤 일이었나요?

• 그 일을 할 때 당시의 마음이나 행동 상태는 어떠했나요?

• 왜 그 일에 몰입했다고 생각하나요?

이어서 다음 문항을 읽고 스스로 점수를 매겨봅시다. 점수는 1점 (매우 낮다)과 10점(매우 높다)을 기준으로, 각 문항에 대한 주관적인 능력과 난이도 점수를 1에서 10 사이의 숫자로 매긴 후 아래에 주어진 그래프에 표시해보세요.

• 내가 그 일을 할 수 있는 능력은 얼마나 된다고 생각했나요?

• 그 일이 자신에게 얼마나 도전적인 일이었나요?

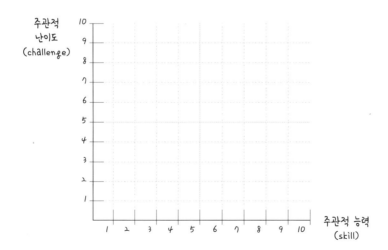

제 강의는 이렇게 자신의 경험을 떠올리는 활동으로 시작합니다. 그리고 자신의 경험을 비롯해 다른 사람들이 어떤 일에 깊게 몰두했고, 그 이유가 무엇인지에 대해 이야기를 나눕니다. 수업에서 학생들이 공유한 몰입 경험을 몇 개 옮겨봅니다.

"며칠 전 학교 과제를 할 때였어요. 내일까지 발표 준비를 해야 한다는 압박감이 있었죠. 밤 12시에 과제를 시작했는데 시계를 보니 새벽 5시였어요. 쉴 새 없이 계속 머릿속에서 생각들이 떠올랐고, 그 생각을 따라 계속 진행했어요. 다른 생각이 전혀 나지 않았고, 피곤함도 느끼지 못했어요. 물론 결과는 대만족이었습니다. 과제의 난이도는 약간 어려운 정도인 8점, 나의 능력은 할 수 있겠다는 정도인 6점 정도라고 생각해요."(대학생)

"저는 싱어송라이터로도 활동하는데요. 최근 곡을 만드는 데 정말 며칠이 어떻게 지났는지 몰랐어요. 왜 이 일에 몰입하는지는 잘 모르지만, 어느새 정신을 차려 보면 내가 이 일을 하고 있어요. 음악을 하고 있다는 것이 가끔은 지긋지긋하기도 하지만 동기부여를 따로 하지 않아도 즐거워요. 그냥 정말 좋아서 하는 것 같아요. 또 저는 어떤 경험을 하든지 음악을 생각해요. 음악이 (모든 것의) 목표예요. 대화를 하거나 영화를 볼 때도 영감을 받으니까요. 그 일에 대한 난이도는 정말 어려워요. 평생 음악을 하면서 어려움을 느끼지 않는 날이 올까 싶죠. 특히 음악은 자기만족보다는 남에게 들려줘야 하는 일이라는 점에서 난이도가 더 높은 것 같아요. 하지만 내가 못 해낼 것이라는 생각은 없어요. 그래서 난이도는 10점, 저의 능력은 8점이에요."(대학원생 겸 싱어송라이터)

"한 번에 풀리지 않는 어려운 수학 문제를 풀 때요. 한 문제를 풀고 나니 세 시간 정도가 지났습니다. 점차 주위 소리가 신경 쓰이지 않았고, 굉장히 빠르고 간결하게 수식이 작성되었어요. 샤프를 너무 꽉 쥐고 있어서 손이 아팠는데, 그 아픔이 문제를 풀고 난 다음에 찾아왔어요."(고등학생)

여러분의 몰입 경험과 다른 사람들의 사례에서 발견할 수 있는 몰입의 특성이나 조건들은 무엇이라고 생각하나요? 저는 몰입에 관한 강의를 시작하면서 학생들에게 몰입의 조건을 바로 제시하지 않습니다. 우선 자신의 경험을 기록하고, 주변 사람들과 경험을 공유한 후에 몰입을 이끈 조건들을 추출해보도록 유도하죠. 그런데 이렇게 했을 때 학생들이 뽑은 조건들을 보면 전문 학자들이 제시한 것과 크게 다르지 않습니다. 이는 몰입의 조건들이 우리에게 그리 낯선 것이 아니며 삶에서 언제든 적용할 수 있는 것임을 말해줍니다. 여러분도 스스로 생각해보기를 바랍니다. 그럼 이제부터 몰입의 조건을 하나씩 살펴보겠습니다.

우리가 어렵고 도전적인 일을
좋아하는 이유

몰입의 첫 번째 조건을 묻는 질문은 바로 이겁니다. '자신의 능력 skill 과 과제의 난이도 challenge 가 적절히 균형을 이루고 있는가?' 즉 해야 할 일이 너무 쉬우면 사람들은 곧 흥미를 잃어버리고 지루해합니다. 반대로 너무 어려우면 해낼 수 없을 거라는 불안감에 사로잡혀 집중하기 어렵습니다. 그렇기 때문에 우리가 몰입을 경험하기 위해서는 우선 해결해야 할 과제가 결코 너무 쉽지 않아야 합니다. 또 자신의 능력치를 너무 벗어나 심리적으로 포기하지 않도록 조절할 수 있는 상황이어야 하지요. 즉 약간의 도전의식을 주는 과제와 함께, 그 일을 해낼 수 있다는 자신감이 갖추어졌을 때 우리는 몰입에 빠질 수 있습니다.

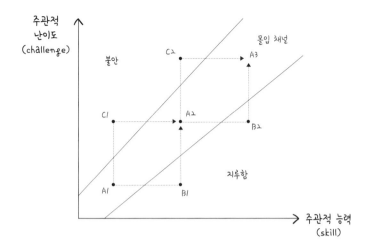

○ 몰입 채널을 보여주는 그래프

능력과 난이도의 적절한 균형

—   위에 제시된 그림은 난이도와 능력, 몰입의 관계를 그래프로 정리한 것입니다. 과제에 대한 주관적인 난이도가 자신의 능력보다 높은 상태를 '불안', 난이도가 능력보다 낮을 때를 '지루함' 그리고 난이도와 능력이 조화된 부분을 '몰입 채널'flow channel이라고 합니다.

어떤 일이든 처음 그 일을 접할 때 우리는 경험의 부재로 긴장과 불안감을 느끼는 경우가 많습니다. 만약 우리가 약간의 불안 상태인

'C1'에 있다고 가정해봅시다. 어떻게 하면 몰입 채널로 들어갈 수 있을까요? 이때 몰입 채널로 가는 길은 두 가지입니다. 첫 번째는 "어려우니까 좀 더 쉬운 걸 해볼래."라는 식으로 과제의 난이도를 낮춰 'A1'로 가는 길입니다. 두 번째는 "어렵긴 한데 도전해보자!"처럼, 불안감을 극복하고 능력을 높여 'A2'로 가는 길입니다. C1의 상태가 너무 벅차고 힘들다고 느끼면, 조금 더 쉬운 것부터 시작해야 합니다. 과도한 불안 상태에 빠져 있다면 일단 시도할 수 있도록 만드는 것이 우선입니다. 쉬운 문제를 반복적으로 해결하다 보면 자신감을 얻을 수 있으니까요. 특히 어린아이들의 경우, 실패하는 경험에 더 민감합니다. 쉽게 풀리는 문제를 연습하면서 자신감을 쌓는 시간과 경험이 필요하죠.

그러나 만약 극복할 수 있는 불안감이라면, 좀 더 깊은 몰입감에 빠져드는 방향은 당연히 (위에서 말한 몰입 채널로 향하는) 두 번째 길입니다. 몰입 채널에 있는 A1, A2, A3은 깊이와 질이 전혀 다른 몰입 상태를 나타냅니다. 보다 높은 난이도와 높은 기량이 짝을 이룰수록, 자신의 성장을 이끄는 깊은 몰입 수준에 이르게 됩니다. 그러므로 더 깊은 몰입에 빠지기 위해서는 약간 높은 수준의 도전(C1)을 받아들여 불안감을 극복해가면서 능력을 신장시키고 한 단계 깊은 몰입(A2)으로 들어가는 과정을 거쳐야 합니다. 또 거기서 멈추지 않고 과제의 난이도를 더 높여 다시 더 깊은 몰입 단계(A3)에 들어갈 때 자신을 성장시킬 수 있습니다.

쉽고 재미있는 일이라면 무엇이든 몰입이 잘될 것 같지만 실제로는 그렇지 않습니다. 많은 연구 결과에서 자신의 능력치보다 약간 어려운 과제, 즉 적절한 도전의식을 주는 일을 할 때 깊은 몰입에 더 잘빠질 수 있다는 사실을 밝히고 있습니다. 운동경기나 게임에서 어떤수준의 사람과 경기를 하는 것이 더 재미있을까요? 아마 자신보다약간 잘하거나 승률이 약간 높은 상대를 만났을 때 더 재미있게 몰입하는 경우가 많을 겁니다. 어려운 수학 문제를 만나 한 시간이고 두시간이고 몰두했던 경험도 있을 테고요.

누군가에게 뭔가를 가르치려고 하다 보면, 그들의 집중을 유도하기 위해 '재미'에 집착할 때가 많습니다. 하지만 재미가 있다고 해서반드시 배우는 사람들이 오래 집중하는 것은 아닙니다. 집중력을 오래 유지하도록 하려면 그들의 능력보다 어려운 도전 과제가 꼭 필요합니다. 어려운 과제를 해냈을 때 얻는 자기 만족과 희열이 몰입의원동력이 되기 때문입니다.

앞서 자신의 몰입 경험을 떠올려봤을 때 주관적 난이도와 능력 점수가 얼마나 나왔는지 생각해보세요. 제 강의에서는 학생들이 팀별로 자신의 몰입 경험을 공유하도록 합니다. 그리고 나서 한 팀당 인상 깊은 경험 하나를 선정해서 전체 학생들에게 공유합니다. 이렇게선정된 사례는 대체로 난이도 점수는 6점 이상, 능력 점수 역시 6점

이상을 기록한 것들입니다. 몰입 채널을 나타낸 그래프로 보면 1사분면에 위치합니다(앞에서 소개한 사례도 같습니다). 즉 어떤 일이 어렵고 도전적인 과제이면서 과제 수행자가 그 일을 해낼 수 있다는 능력과 자신감을 함께 지니고 있을 때, 인생에서 기억할 만한, 깊은 몰입을 경험하게 되는 것이죠. 기술이 필요한 도전적인 활동을 할 때 우리는 몰입하게 됩니다. 이것이 몰입의 조건 중 첫 번째입니다.

불완전한 도형을 보면 무슨 생각이 드나요?

—   이쯤에서 간단하고 재밌는 테스트를 한번 해볼까요? 먼저 펜과 종이를 준비해주세요. 그리고 오른쪽 그림을 살펴보길 바랍니다. 불완전한 도형 하나가 그려져 있습니다. 이제부터 이 도형을 활용해서 그림을 그려보세요. 주어진 시간은 1분입니다. 무엇을 그려도 상관없지만 남들이 그리지 않는, 자신만의 흥미로운 그림을 떠올려보세요.

이 그림은 TTCT Torrance Tests of Creative Thinking라는 유명한 창의성 검사 항목 중 하나입니다. 이 검사를 통해 창의적 사고의 여러 요소들을 평가하는데, 그중 '독창성' 점수가 단연 중요합니다. 독창성은 통계적인 희귀성을 기준으로 평가합니다. 즉 남들이 그리지 않은 그

림을 그릴수록 높은 점수를 받게 됩니다. 위의 도형을 이용해 그림을 그렸을 때 독창성 점수를 잘 받지 못하는 그림을 몇 개 제시할 테니 공통점을 찾아보세요.

앞의 그림들처럼 달, 배, 칼, 바나나, 입, 접시 등 많은 사람이 가장 흔하게 떠올리는 그림입니다. 어떤 공통점을 발견하셨나요? 주어진 그림에서 너무 단번에 떠오른 그림들이라는 것일까요? 그와 비슷한 이유입니다. 바로 이 애매모호한 자극 도형의 열린 부분을 서둘러 '닫아버렸다'는 것입니다. TTCT 검사의 매뉴얼에는 "불완전한 도형을 성급하게 종결해버리면 창의적으로 생각할 수 있는 기회를 잘라버린다."라고 설명돼 있습니다.[44] 여기서 불완전한 도형은 우리 현실에서 마주치는 복잡하고 난해한 문제와 도전에 비유될 수 있습니다.

그럼 이제 한번 솔직해져 볼까요? 힘든 일을 대하는 당신의 태도는 어떤가요? 어려운 일에 흥미를 느끼나요, 아니면 그냥 할 만한 일을 유지하는 것이 더 좋은가요? 누구에게나 불안감을 극복하고 끊임없이 어려운 과제에 도전하는 일은 쉽지 않습니다. 애매한 도형을 성급히 닫아버리는(완전한 모양으로 완결시키려는) 사례가 많듯이, 불확실한 상황을 견디기 힘들어 회피하거나 재빨리 끝내려는 사람들이 대부분일 겁니다. 앞서 본 그래프에서처럼 불안감을 느끼는 C1의 상태에서 더 깊은 몰입에 빠지기 위해선 끊임없이 과제의 난이도를 높여 A2로 가야 합니다. 말은 간단해도 결코 쉬운 문제는 아닙니다. C1의 상태를 접하면 익숙하고 쉬운 과제를 선택하거나 아예 포기해버리는 경우가 대부분입니다. 학습 몰입에 관한 저의 연구에서도 새로운 학습 과제에 도전하기보다 그저 아는 문제만 풀길 원하는 아이들이 훨씬 많았으니까요.[45]

어렵지만, 재미있어!

—   그럼 질문을 바꿔야 할 것 같네요. "어떻게 하면 어려운 일에 지속적으로 기꺼이 도전하고 즐길 수 있을까?"로 말이죠. 몰입 상태를 지속하고, 보다 높은 몰입 상태로 나아가기 위해서는 어려운 과제를 선호하는 성향이 반드시 필요합니다. 몰입을 잘 하는 사람들의 공통된 특징은 자신에게 도전 의식을 심어주는 어려운 활동을 스스로 선택하고, 그 일을 해내는 과정을 즐긴다는 것입니다. 창의적인 사람들의 대표적인 성격 특성이기도 하지요.[46]

자, 여러분에게 두 가지 종류의 퍼즐 문제가 주어졌다고 생각해봅시다. 하나는 예전에 풀어봐서 이미 익숙한 퍼즐, 다른 하나는 한 번도 풀어본 적이 없는 다소 어려워 보이는 문제입니다. 어떤 문제를 선택할 것인가요? 영재 아동과 일반 아동 사이에 어떤 성격적 차이가 있는지를 살펴본 연구에서 두 그룹 간에 가장 큰 차이를 보인 성격 특성이 바로 어려운 과제를 선호하는 성향이었습니다.[47] 영재 아동 집단과 일반 아동 집단에게 모두 두 가지 종류의 수학 문제를 선택하도록 한 다음, 문제를 풀어보게 하는 실험을 진행했는데요. 일반 아동들은 자신이 풀 수 있는 익숙한 문제를 선택한 비율이 높은 반면, 영재 아동들은 풀어본 적 없는 다소 어려워 보이는 문제를 선택하는 비율이 높았습니다.

어려운 문제를 풀면서도 즐거움을 느낄 수 있습니다. 우리가 모호하고 어려운 문제 상황에 노출되기를 꺼리지만 않는다면요. 주어진 문제를 회피하지 않으려면 어려운 도전에 실패하더라도 그 과정에서 배움을 얻는다는 긍정적인 마음가짐(이를 '성장 마인드셋'이라고 합니다. 이에 대한 내용은 제4장에서 다룹니다)과 스스로 문제 해결을 했을 때 얻는 희열의 경험이 쌓여야 합니다.

다행히 인간은 선천적으로 배움을 사랑하는 마음을 갖고 있어, 자신의 능력을 성장시켜줄 수 있는 도전적 과제를 선호하는 경향성을 타고납니다. 그렇기 때문에 본질적으로 인간은 어려운 과제를 숙달할 때 유능감과 즐거움을 경험하는 것이라고 합니다. 저도 '어려웠지만 정말 재미있어!'라고 느낀 순간의 행복감을 잊기 힘듭니다. 그리고 그런 문제를 해결하려 할 때 새로운 시도를 하게 되고 자신도 몰랐던 자신의 창의적인 능력을 발견하게 됩니다. "해결 방법에 대해 배우지도 않았고 연습한 적도 없는 문제를 만나게 되면, 언제나 어느 정도의 창의성이 나타난다."[48]라는, 창의성 교육의 대가 폴 토랜스E. Paul Torrance 박사의 말처럼 말입니다. 결국 창의성은 도전적인 과제를 직면하는 것에서부터 시작됩니다. 그래서 창의적인 인물들이 이런 말을 자주 하는 것입니다. "쉽게 이해할 수 없고 받아들이기 어려운 문제를 접할 때도 즐거울 수 있다!"

몰입에도
연습이 필요하다

사람들은 일반적으로 어려운 일을 할 때 자신이 '불안' 상태가 된다고 알고 있고, 실제로도 그렇죠. 그런데 어려운 과제에 몰입하려면 '편안하고 이완된 심리 상태'여야 한다는 심리학 이론이 있습니다. 어떻게 어려운 일을 하면서 평정심을 유지할 수 있다는 것일까요?

각성 상태와 수행능력의 효율성 간의 관계를 밝힌 '여키스-도슨의 법칙'Yerkes-Dodson Law이 있습니다. 이 법칙에서 흥미로운 점은 과제의 난이도에 따라 효율적인 각성 수준이 다르다는 겁니다. 말하자면 '쉬운 과제'에서는 높은 긴장 수준이, '어려운 과제'에서는 낮은 긴장 수준이 수행능력을 높인다고 합니다. 지금부터 몰입하는 사람들이 힘든 일을 할 때 힘들어 보이지 않은 이유를 알아보겠습니다.

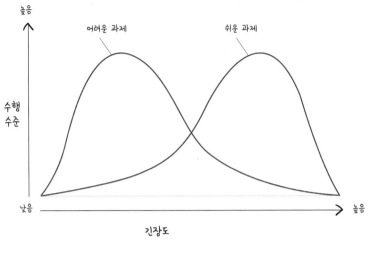

○ 여키스-도슨의 법칙

전혀 힘들어 보이지 않는 이유

> 인생은 우리에게 성공이나 만족감을 내어주는 것이 아니라 시
> 련을 주어 성장하게 만든다. 경지에 오른다는 것은, 연습을 통
> 해 그런 시련이 더욱 쉽고 여유로워지고 만족스러워지는 미스
> 터리한 과정이다.[49]
>
> _조지 레너드George Leonard

— 스탠퍼드대학교 신경과학과 부교수이자 작가인

데이비드 이글먼David Eagleman은 흥미로운 실험 하나를 진행했습니다.[50] 오스틴이라는 소년과 자신이 직접 컵 쌓기 대결을 하는 동안 뇌파 측정기를 통해 두 사람의 뇌 속 어떤 부위의 에너지가 많이 쓰이는지를 살펴본 것이지요. 사실 오스틴은 컵 쌓기 경기에서 아동부 부문 세계 기록을 보유하고 있는 챔피언이었습니다. 그는 손이 보이지 않을 만큼 빠르고 유연한 동작으로 컵 쌓기 과정을 단숨에 끝내죠. 그래서 이글먼은 오스틴의 뇌가 짧은 시간 일을 수행하기 위해 더 많은 에너지를 과도하게 사용할 거라고 예상했습니다. 하지만 흥미롭게도 과부하가 걸린 쪽은 자신의 뇌였습니다. 이글먼의 뇌에서는 문제 풀이나 각성과 관련된 부위가 활성화된 반면, 오스틴의 뇌에서는 휴식을 취할 때 작동하는 부위가 활성화되었거든요. 한 분야에 정통한 사람들이 도전적인 일을 할 때 의외로 무념무상의 평온한 상태를 유지한다는 사실이 뇌 과학 실험을 통해 증명된 것입니다.

여러 번 강조했듯 몰입은 물 흐르듯 자연스레 이뤄지는 것이라 표면적으로 전혀 힘들어 보이지 않는 경험의 상태입니다. 어렵고 힘든 일을 하고 있는 사람이 편안해 보이는 가장 큰 이유는 일의 난이도와 그 일을 할 수 있는 기량이 비슷하기 때문입니다.

창의성 분야에는 '10년 법칙'이라는 말이 있습니다. 누구나 창조적 도약을 이루려면 자기 분야에서 통용되는 지식과 기술에 통달해야 합니다. 10년 법칙이란, 창조성을 위해 10년 정도의 꾸준한 노력이 선행되어야 한다는 의미입니다. 대중들에게 널리 알려진 '1만 시간의 법칙'도 같은 의미입니다. 매일 하루도 빼놓지 않고 세 시간씩 연습한다고 가정했을 때 10년을 투자해야 하는 긴 시간이 곧 1만 시간입니다. 오랜 시간 동안 지식과 기술을 쌓은 후 창의성을 발휘하는 내공을 지닌 사람들이 상대적으로 편안한 상태에서 어려운 문제를 해결한다는 점을 고려할 때, 또 하나의 몰입의 조건을 생각해볼 수 있습니다. 몰입을 경험하려면 일정 수준의 기술과 훈련, 연습이 필요하다는 것이죠.

깊은 몰입에 빠지기 위해 자신이 하는 일과 관련된 지식이나 기술을 쌓는 것은 필수 요소입니다. 시간을 들여 힘들게 쌓아온 기술은 과제를 두려운 대상이 아닌 흥미로운 도전으로 마주할 수 있도록 힘을 더해줄 테니까요. '그릿'GRIT이란 단어를 들어보셨나요? 그릿은 끈기와 열정이 조합된 개념으로, 자신이 성취하고자 하는 목표를 끝까지 해내는 힘이자 난관이 있더라도 그 목표를 향해 꾸준히 정진할 수 있는 능력이라고 합니다.

앤절라 더크워스Angela Duckworth는 저서 《그릿》에서 "몰입은 자연스러운 절정의 경험인 반면, 그릿은 의식적인 연습이며 고통의 시간"이라고 설명하고 있습니다.[51] 그의 말에 따르면 몰입과 그릿, 두 개념의 상태는 굉장히 다르지만 서로 강하게 연관되어 있다고 합니다. 끈질기게 노력하며 기술을 연마하는 의식적인 연습 단계에서는 몰입을 함께 경험하기 힘들 수 있습니다. 무엇을 하든 반드시 몰입을 경험해야 하는 것은 아닙니다. 하지만 그릿이라는 개념은 이러한 연습 단계를 거치며 긴장도를 낮춰줌으로써 실전에서 쉽게 몰입할 수 있게 한다는 것입니다. 예전에 제게 기타를 가르쳐주었던 선생님도 이와 비슷한 말을 한 적이 있습니다. "하이코드를 배울 단계가 되면 기타를 계속 칠 학생과 아닌 학생이 구분돼요. 이 부분만 넘기면 기타를 정말 재미있게 칠 수 있다고 격려를 해도, 많은 학생이 이를 못 넘기고 포기합니다."라고요.

심리적 안정을 찾는 나만의 몰입 전략

—   기술을 연마하는 연습 과정과 더불어, 어려운 과제를 수행하는 데 긴장도를 낮추기 위해서는 의도적으로 편안하게 접근하려는 자신만의 전략이 필요합니다. 한 발레리나는 "몰입의 상태에 빠져들려면 아주 고요하고 정신적으로 이완된 상태가 되어야 하는데, 이러한 느낌이 찾아오는 것은 대략 한 시간 정도 몸을 풀고 스트레칭을 통해 근육의 강도와 심리적 안정을 세밀하게 조절했을 때입니다."[52]라며, 심리적 안정을 찾는 자신만의 과정을 설명했습니다. 피겨 스케이팅의 김연아 선수가 중요한 시합에서 극도의 긴장감을

완화하기 위해 심리 훈련에 많은 시간을 투자했다는 것도 같은 맥락입니다.

스스로 몰입을 경험해 공학계의 난제를 해결한 황농문 교수는 몰입에 빠지기 위한 중요한 전략으로 '슬로우 싱킹'slow thinking을 꼽았습니다. 슬로우 싱킹이란 문제가 풀리지 않을 때 초조해하거나 조급해하거나 스트레스를 받지 않고 명상이나 묵상을 하듯이 의도적으로 편안하고 느긋하게 집중하는 것을 뜻합니다. 저도 어려운 프로젝트를 시작할 때, 불안을 낮추기 위한 저만의 방법을 갖고 있는데요. 자료 조사 기간을 상대적으로 길게 잡고 개방적으로 탐색하는 시간을 충분히 가지려고 합니다. 만약 자신만의 과제 수행 방식을 하나 정도 갖고 있다면, 어려운 일이나 프로젝트를 맡았을 때 당황하거나 불안해하지 않고 자연스럽게 몰입에 빠져들 수 있을 겁니다.

목표가 있어야
더 깊게 몰입할 수 있다

지금까지 살면서 한 번쯤 특별히 심취했던 일들이 있을 겁니다. 시간이 가는 줄 모르고 일했던 경험이나 주변의 다른 것들이 전혀 보이지 않고 오로지 자신과 지금 하는 일만 남겨져 있는 것 같은 기분을 느낀 적말이에요. 그렇게 깊게 빠져들었던 활동들을 살펴보면 '명확한 목표'가 설정되어 있을 겁니다.

몰입을 경험하기 위해서는 특정 날짜까지 완성하겠다거나, 반드시 스스로 답을 도출하겠다거나, 산의 정상까지 오르겠다거나, 정확한 음을 내겠다는 등 자신의 행동에 구체적이고 확실한 목표가 설정되어 있어야 합니다. 물론 예술 분야처럼 목표를 명확하게 설정하기 힘든 활동들도 있습니다. 그런 경우에도 내적인 기준은 명확히 있어야 합니다. 예를 들어 그림을 그리거나 곡을 쓸 때 구체적인 목표를 세울 수는 없어도 자신이 의도하는 바가 무엇인지와 그 의도가 잘 표현되고 있는지를 확인할 수 있는 내적인 기준이 있는 경우에 깊은 몰입에 빠질 수 있습니다. 이렇듯 분명한 목표가 있을 때 우리는 몰입할 수 있습니다.

집중력을 높이는 목표 설정 방법

—   운전할 때 내비게이션에 목적지를 입력하는 것처럼, 목표는 노력의 방향을 정해주고 집중하도록 이끕니다.《볼드》를 쓴 저널리스트 스티븐 코틀러 Steven Kotler는 자신의 책에서 "두뇌에 분명한 목표가 주어졌을 때, 집중의 범위는 상당히 좁혀진다. 그 일 이외의 것은 배제되고 온전히 현재만 남는다."라고 말합니다. 또한 일상에서 목표의 기능을 잘 활용하려면, 자신에게 주어진 과제를 작은 단계의 목표로 나누어야 한다고 조언합니다. 예를 들면, '근사한 책을 쓰겠다'라는 거대한 목표보다는 '한 챕터를 완성하겠다'는 단기목표가, 더 세부적으로는 '한 단락을 멋지게 써보겠다'는 계획을 세우고 실행하는 것이 책을 쓰는 일에 대한 두려움을 떨치고 집중하는데 도움이 된다는 것이죠.

하버드대학교의 학자들이 두뇌 속 메커니즘과 집행기능executive function의 약점을 고려해 제안한 집중력 훈련법을 한번 살펴보죠.[53] 집행기능은 자기 행동을 조절하고 제어하는 데 필요한 인지능력을 의미하며 작업기억을 토대로 합니다. 작업기억은 우리가 과제를 해결하는 데 필요한 중요한 모든 정보를 끊임없이 준비해주지만, 일시적이고 무엇보다도 용량이 작다는 약점이 있지요. 그렇기에 정보의 용량을 넘어서거나 주변 자극이 작업기억을 차단하면 집행기능의 통제가 불가능해집니다. 만약 어떤 일을 하면서 생각의 흐름이 자주 끊기고 산만해진다면, 이 훈련법을 적극 활용해보길 추천합니다. 특히 3단계는 자기조절 전략을 연습해 집행기능을 강화시켜주는 단계로, 다소 주의가 산만한 저에게는 꽤 도움이 되었답니다.

목표 설정과 몰입을 유지하는 집중력 훈련법

- 1단계: 해야 할 일(장기 목표)을 목록으로 작성한다.
- 2단계: 모든 과제를 세부적인 단계(중간 목표)와 더 세부적인 단계(세부 계획)로 나눈다. 모든 세부 단계에 걸리는 시간은 어려움 없이 '한번에' 집중할 수 있을 정도여야 한다. 처음에는 몇 분짜리 목표라도 상관없다. 그럼에도 불구하고 몰입하기 어려울 때를 대비해서 다음의 3단계를 활용한다.
- 3단계: 과제와 상관없는 생각이 떠오르자마자 별도의 노트

에 메모한다. 그러고 나서 새로운 생각에 주의를 돌리지 말고 곧장 원래의 과제로 돌아간다. 과제와 상관없는 생각은 따로 적어놓았으니 나중에 다시 꺼내 볼 수 있다. 이렇게 하면 시간이 지날수록 외적인 자극에 방해를 덜 받고, 목표에 집중하기가 쉬워진다. 나중에는 중간 목표를 점점 더 큰 주제로 정하고, 세부 활동 시간도 조금 늘린다.

삶 전체를 연결해 몰입한다는 것

진정한 인간적인 감정이 표현되기를 바란다.
그러니까 이 일이야말로 내 인생의 목표야.
이런 생각에 집중하면 내가 무엇을 하거나 하지 않거나
모든 것이 쉽고 단순해지지.
이런 집중으로 말미암아 삶에 혼돈이 초래되는 일 없이
나의 모든 행위가 이 목표를 지향한다면 말이다.

_반 고흐

—   순간순간의 활동에 몰입하는 것도 중요하지만, 이를 넘어서 연결된 몰입을 경험하는 것이 궁극적으로 중요합니다. 칙

센트미하이는 몰입 이론이 우리에게 주는 최종 과제는 '삶 전체를 하나의 연결된 몰입 활동으로 변화시키는 것'이라고 강조합니다.

> 만일 서로 연결되는 질서가 없이 이 플로우에서 저 플로우로 옮겨 다닌다면, 훗날 인생을 정리하는 시기를 맞아 과거를 돌이켜 볼 때 자신의 인생에서 큰 의미를 발견할 수 없을 것이다. 자신이 하는 일이 무엇이든지 간에 자신의 잠재력을 최대한 펼치고자 하는 사람들에게 플로우 이론이 제시하는 마지막 과제다. 이는 지속적인 목적 의식을 제공해주는 통합된 목표를 추구해가면서, 삶 전체를 하나의 플로우 활동으로 변화시키는 것을 의미한다.[54]

현재 제 삶 속에서 순간순간 몰입하고 있는 일들은 수업을 준비하고, 연구 프로젝트를 진행하고, 이 책을 쓰는 일입니다. 하지만 이러한 일들은 최종 목표가 아니라 저의 인생 주제 life themes 를 이뤄가는 이정표가 되는 거겠죠. 연결된 몰입을 위해서는 내적으로 중요한 삶의 목표, 즉 인생 주제를 잡기 위해 애써야 합니다. 논문을 쓸 때도 '연구 주제'를 잡는 것이 제일 힘듭니다. 주제를 잡으면 논문의 반을 끝낸 거라고 할 정도니까요.

제 인생에서 꽤 장기간 몰입한 경험 중 하나는 박사 학위 논문을 준비할 때였던 것 같아요. 특히 글로 정리하는 마지막 과정을 거칠 때 모든 생활이 논문에 집중되었습니다. 오전 10시쯤 밥을 먹고 연구실이나 카페에 출근 도장을 찍고 작업에 빠져 있다 보면 금세 저녁 시간이 되었죠. 그렇게 두어 달을 지내다 보니 나름 괜찮은 논문이 하나 완성되는 행복한 경험을 했습니다. 초반에는 집중하는 데 어려움을 겪기도 했습니다. 논문의 첫 주제를 잡고 1년 정도 준비했는데, 결국 방향을 잡지 못하고 빙빙 돌다 연구 주제를 다시 정해야 하는 눈물의 과정도 겪었지요.

인생 주제를 정하는 일을 연구 주제를 잡는 데 단순히 비교해서는 안 되겠지만, 유사한 점이 꽤 있다고 생각합니다. 연구 주제를 잘 잡기 위해서는 자신이 정말 알고 싶은 것이 무엇인지, 연구할 만한 가치가 있는지, 실행 가능하고 검증 가능한 주제인지를 파악해야 합니다. 인생 주제를 고민할 때도 비슷한 질문들을 던져야 하지요. 또 인생 주제를 정하는 것에 조급해할 필요는 없다고 생각합니다. 주제를 하나 정했다고 끝나는 것이 아니라 논문을 쓰는 과정처럼 뒤집어져서 처음부터 다시 시작할 수 있으니까요. 하지만 인생 주제를 잡는 데 꽤 많은 공을 들여야 하는 것은 맞습니다. 명확한 목표가 있어야 더 깊게 몰입할 수 있고, 많은 것을 단순화시켜 삶의 본질을 보여줄 테니까요.

스스로를 아는 것,
몰입과 창조의 시작

잠시 자신의 몰입 경험을 다시 떠올려봅시다. 그리고 그렇게 몰입할 수 있었던 이유도 생각해봅시다. 제 강의를 듣는 학생들에게 왜 자신이 하고 있는 일에 유독 몰입할 수 있었는지 물어보면 "그냥 좋아하는 일이니까요."라고 답하는 경우가 많습니다. 맞습니다. 몰입은 자발적으로 하고 싶은 마음에서부터 시작합니다.

어떤 행동을 하는 이유에 대해 두 가지 동기로 설명할 수 있습니다. 하나는 내적 동기인데요. 일 자체가 주는 즐거움과 가치 때문에 그 일을 하는 것을 뜻합니다. 다른 하나는 외적 동기입니다. 일을 통해 얻게 되는 돈이나 타인의 인정과 같은 외부 보상 때문에 그 일을 하는 것입니다. 창의적인 사람들은 외적 동기보다 자신의 내면에서 우러나오는 내적 동기로부터 힘을 얻는다고 합니다. 그 일을 해야겠다는 순수한 열정을 가지고, 자신을 흥분시키는 도전적인 과제를 선택하는 것이겠죠.

물론 외적 동기도 내적 동기 못지않게 필요한 동기입니다. 폴 오스터Paul Auster의 《달의 궁전》Moon palace이라는 소설을 보면 이런 문장이 나옵니다. "돈이 주는 가장 큰 이점은 돈에 대해 생각하지 않게끔 해준다는 것이다." 외적 동기를 설명하면서 인용하기에 꽤 적절한 문장이지요. 돈이라는 보상은 절대적으로 필요합니다. 자신이 좋아하는 일에 집중하게끔 해주니까요. 그래서 창조적인 인물들은 경제적 지원이 있는 곳에 모여 자신의 일에 몰입할 수 있는 환경을 스스로 만들었습니다. 다만 작업에 몰입할 때만큼은 외적 보상을 의도적으로 부정하려고 했던 사람들이 많죠. 그들은 현재의 행위와 동기가 일치해야만 몰입에 이를 수 있다고 생각했던 것입니다.

영국의 시인 T. S. 엘리엇이 대표적입니다. 그가 노벨문학상을 받는 날, 그의 표정이 썩 밝지 않은 것을 본 한 기자가 이유를 물었습니다. 그러자 엘리엇은 "나에게는 노벨상이 장례식행 티켓입니다. 지금까지 그 상을 받았던 어느 누구도 그 후로 아무것도 할 수 없었지 않습니까?"라고 답했습니다. 즉 그는 자신의 행위의 이유가 외적 동기로 치우치게 되면 몰입과 창조 작업에 방해가 된다는 것을 인식하고 있었던 것입니다.

외적 보상이 내적 동기를 방해할 수 있다는 사실에 대해 사회 심리학자 에드워드 데시Edward Deci는 실험을 통해 직접 증명했습니다.[55] 그는 대학생들을 모아 두 개의 집단으로 나눈 후 3일에 걸쳐 세 번의 실험을 진행했습니다. 실험 첫 날에는 두 집단 모두 당시 인기 있었던 소마 퍼즐 게임을 풀었습니다. 이튿날에는 한 집단의 학생들에게만 퍼즐을 한 개씩 풀 때마다 보상으로 1달러를 주었습니다. 셋째 날에는 첫날과 같이 다시 두 집단 모두 보상 없이 퍼즐을 풀게 했습니다. 단 이때는 실험 중간에 8분의 자유시간을 주었습니다. 이때 피험자가 자유시간 중에 퍼즐을 하는 시간이 얼마나 되는지를 측정했습니다. 그 측정값을 퍼즐 풀기라는 과제를 할 때 내적 동기 수준으로 정의한 것이죠.

이 관찰 결과가 매우 흥미롭습니다. 보상을 받은 집단의 학생들은 상대적으로 퍼즐 풀기에 시간을 많이 쓰지 않았거든요. 즉 외적 보상에 따라 내적 동기가 감소하는 효과가 확인된 것입니다. 자신에게도 그런 경험들이 있는지 한번 생각해보세요. 취미로 하던 일에 누군가 보상을 지급하겠다고 하면 기쁜 마음으로 그 일을 하게 되겠죠. 그런데 갑자기 보상이 끊기게 되면 왠지 손해를 보는 것 같고, 자신의 일에 가치가 없어지는 것 같은 느낌을 받지 않을까요? 이처럼 외적 보상에만 너무 의지하게 되면 내적 동기가 사라지게 되니 유의하기 바랍니다.

쉽게 빠져들게 되는 일은 따로 있다

— 무언가에 깊이 빠져들었던 경험을 떠올린다면 현재의 생활이 아닌 대학 입시 준비를 할 때의 경험, 또는 더 과거로 거슬러 올라가 어린 시절의 경험을 이야기하는 사람들이 많습니다. 몇 시간이고 방에 틀어박혀서 책을 읽었던 일, 온 정신을 집중해 퍼즐을 풀었던 일 등을 말이죠.

언젠가 제 강의를 듣는 한 학생이 이런 말을 한 적이 있습니다. "대학에 들어와서 어떤 일에 몰입했던 기억이 거의 없어요. 자리에 앉아 있는 시간은 항상 한 시간을 채 넘기지 못했고 그마저도 스마트폰을 들여다보곤 하니까요. 반면 초등학교 2학년 무렵에는 거의 매일같이 하루에 꽤 오랜 시간, 심지어 열 시간 정도는 거뜬히 쉬지 않고 책을 읽었어요. 지금 와서 회상해봐도 당시에는 그 자체가 즐거웠고 정말 길고 잦은 몰입의 시간을 보낸 것 같아요."

아홉 살 시절의 책 읽기와 현재 스무 살의 대학 공부는 무엇이 다른 걸까요? 많은 사람이 스스로 목적을 선택할 여지도 없이 학점, 취업과 같은 미래에 대한 막연한 보상을 인생의 목적으로 삼습니다. 다시 말해 스스로 납득할 수 있는 내적 동기가 없는 상태인 것이죠.

내적 동기를 찾는 일은 자신이 진정으로 좋아하는 일을 찾는 것과 연결되어 있습니다. 창의적인 사람들은 자신이 사랑하는 일을 찾아

내어 그것에 몰입한 사람들입니다. 자신이 좋아하는 분야를 누구보다 잘 알고, 그 세계에 미칠 정도로 빠져 있는 사람들을 소위 '덕후'라고 합니다. 모든 덕후가 세상을 변화시키는 창조적인 인물이 되는 것은 아니지만, 적어도 창조적인 사람들은 덕후였을 겁니다. 자신에게 특별한 의미를 가진 대상을 발견하고 몰두해 전문성을 쌓는 그 과정이 창조 과정에 꼭 필요하니까요.

하지만 안타까운 것은 자신이 어떤 것을 좋아하는지를 명확히 아는 이들이 드물다는 것입니다. 자신이 진정 좋아하는 게 뭔지 찾을 기회나 경험이 별로 없다는 점이 가장 큰 문제겠지요. 이것저것 해보고, 여기저기 찾아다니고, 여러 사람에게 물어도 보며 좋아하는 일을 찾는 경험을 누구나 늦지 않게 가졌으면 합니다.

예민하게 보는 것들에 답이 있다

—   자신의 흥미와 재능이 있는 영역을 찾는 하나의 팁이 있습니다. 바로 자신이 어느 부분에 유독 예민한지를 생각해보는 것입니다. 남들이 흔히 지나치는 사소한 것에 신경 쓰이거나 눈에 자주 들어오는 부분, 즉 자발적으로 시간을 들여 관찰하는 영역이 무엇인지 인지해보는 것이죠. 어떤 사람은 색의 미묘한 변화나 공간이 주

는 느낌에 예민하고, 어떤 이는 소리에 민감해 미세한 음의 차이를 지각하고, 어떤 이는 몸의 움직임에 민감합니다. 또 어떤 이는 단어나 문장이 주는 느낌에 예민하며, 다른 어떤 이는 동식물이 자라는 과정에 관심이 깊고 잎의 모양, 암수의 차이를 잘 분별합니다.

저 같은 경우는 예전부터 공간과 디자인적인 요소들에 예민하게 반응했습니다. 어린 시절 수집했던 독특한 건전지들도 디자인의 차이 때문이었고, 발표를 준비할 때도 프레젠테이션 자료의 서체나 색, 여백을 조정하는 데 더 많은 시간을 썼지요. 시간이 촉박할 때도 이런 부분들이 제 마음에 들지 않으면 생각이 정리되지 않았습니다. 이런 디자인적 예민성은 제가 지금 하고 있는 일에 필요한 특성과 꼭 일치되지는 않습니다. 하지만 연구나 교육 프로그램을 구상할 때 이런 재능 영역이 결과를 돋보이게 할 때가 많습니다. 그리고 틈틈이 그리는 드로잉은 저의 삶을 풍요롭게 해주는 재능 영역의 취미가 되었고요.

이렇듯 자신이 예민하게 눈여겨보게 되는 것들이 무엇인지 한번 생각해보기를 바랍니다. 자연스럽게 애정이 가고 관심 갖게 되는, 그래서 쉽게 빠져들 수 있는 일들을 말이죠.

사색의 순간에서
발견되는 아이디어들

창조적인 인물들은 몰입의 시간을 통해 자신이 해야 할 일을 깊게 생각하고, 문제를 해결했습니다. 그들은 바쁜 와중에도 혼자만의 시간을 확보해 사색하는 과정에서 몰입에 빠져들었다고 합니다. 자신을 방해하는 자극을 걷어치우고 이것저것 생각하는 의도적인 사색의 시간이 몰입의 시간이 되었던 겁니다.

사색은 '몽상'처럼 자연스럽게 떠오르는 생각의 흐름을 따라가는 비목적적인 사고를 포함합니다. 소위 멍때리기식의 사색이 창의적 사고와 연관성이 있음을 밝힌 뇌 과학 연구가 있습니다.[56] 10년 동안 진행된 이 연구는 독특한 아이디어로 문제를 해결하는 순간에 뇌에서 어떤 일이 일어나는지를 관찰했고 창의적인 통찰이 이뤄질 때 오른쪽 귀의 윗부분에 해당하는 '전측 측두회'가 활성화된다는 것을 발견했습니다. 해당 부위는 산책을 하거나 잠자리에서 이런저런 생각에 빠질 때 활성화되는 뇌 영역이기도 합니다.

무언가에 빠져 오래 한자리에 머물며 골똘히 생각한다는 것이 쉽지 않은 세상입니다. 빠른 일처리와 여러 가지 일을 동시에 처리하는 멀티태스킹 능력이 필수라고 생각하는 시대니까요. 하지만 한병철 교수가 쓴《피로사회》라는 책에 따르면 멀티태스킹은 문명의 진보를 의미하는 것이 아니라 오히려 퇴화된 능력이라고 합니다.[57] 야생동물들은 먹는 도중에도 다른 동물이 먹이에 접근하지 못하게 해야 하고, 동시에 다른 동물에게 잡아먹히지 않게 경계를 늦추지 않아야 하며, 새끼들도 감시해야 하는 등 신경 쓸 것들이 한두 가지가 아닙니다. 즉 멀티태스킹은 진화한 인간이 아닌 생존에 집착하는 야생동물들에게 필요한 생존 기법이라는 것입니다. 그와 달리 한 가지에 몰두하고 깊이 사색하는 능력이야말로 인류의 문화적 업적이라고 합니다.

잠시 멈추거나 온전히 몰두하거나

—

여러분도 바쁜 일상 속에서도 하던 일을 잠시 멈추

고, 가던 길을 잠시 멈추고, 의도적으로 시간을 내어 사색을 통해 몰입을 경험해보세요. 무엇보다 다른 일에 방해받지 않는 연속적인 시간이 필요합니다. 이는 몰입을 위해 가장 중요한 전략입니다. 어떤 일을 하든 처음부터 몰입 상태에 들어가는 것이 아니라 자신의 의지에 따라 집중하기로 시작한 다음 몰입의 상태로 나아가는 것입니다. 물론 많은 사람이 집중의 상태에 머물다가도 금세 주의가 산만해집니다. 그러면 높은 기량을 발휘해 펼칠 수 있는 몰입의 시간을 경험하지 못합니다. 몰입에 이르지 못하고 집중의 상태를 여러 번 반복하기만 하는 것은 비효율적입니다. 자신의 하루를 돌아보면 온종일 무언가를 한 것 같긴 한데 한두 시간 몰아서 일한 것보다 못한 결과를 얻는 경우가 많은 이유죠. 모두 집중의 상태에서 주의가 산만해졌기 때문입니다. 《몰입》을 쓴 황농문 교수는 이러한 과정을 산에 올라가는 것에 비유합니다. 하루 일과 동안 잦은 방해로 몰입도가 오르내리기를 반복하는 것은 하루에 산을 여러 번 오르내렸지만 막상 정상에서 보내는 황홀경의 시간이 없는 것과 같다고 말입니다.[58]

어떤 일을 하든 몰두할 때는 (방해받지 않고) 집중적으로 해야 합니다. 쇠가 뜨겁게 달았을 때 두드려야 하는 것처럼 말입니다. 모든 것은 때가 있는 법입니다. 몰두하는 과정에서 방해를 받아 집중이 흐트러지면 다시 일에 주의를 기울이는 데 어려움을 겪게 됩니다. 그러니 일단 일에 깊이 몰두하게 되면 쉬지 않고 그 일을 끝까지 끝내는 것이 좋습니다.《오리지널스》를 쓴 애덤 그랜트Adam M. Grant 교수는 연구에 매진할 수 있는 시간을 마련하기 위해 강의를 한 학기에 몰아놓거나 일정 시간 동안 이메일에 자동 답신 기능을 설정해놓는다고 합니다. 이처럼 몰입을 위해 가장 먼저 할 일은 주변의 방해 자극을 치우고, 의도적으로 연속적인 시간을 확보해 오로지 그 일과 생각을 하기 위한 시간을 갖는 것입니다.

몰입의 방해 요소를 제거하는 연습

—   현재 자신이 하고 있는 일에 집중하지 못한다면 몰입의 방해 요소가 있다는 신호입니다. 방해 신호가 있다고 느껴질 때 시간을 내어 방해 요소에 주의를 기울여보세요. 무엇이 자신을 방해하고 있는지, 이를 극복해 몰입도를 높일 수 있는 방안은 무엇인지 찾아보는 겁니다.

이를 파악하기 위해 우선 자신이 그 일을 할 때 느끼는 감정이 불안함인지, 지루함인지, 아니면 아예 심드렁한 무관심인지를 살피세요. 더불어 그 일에 대한 자신의 능력과 난이도의 정도를 오른쪽 페이지의 그래프에 표시해보세요.

난이도와 능력의 접점이 2사분면은 '불안감', 4사분면은 '지루함',

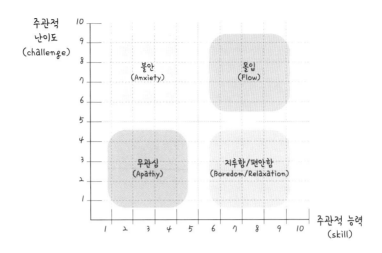

○ 플로우 4채널 모델

3사분면은 '무관심' 정도라고 할 수 있습니다(다만 이 결과는 참고치입니다). 그리고 방해 요소를 구체적으로 정리해 종이 위에 써보세요. 난이도, 기술(능력치), 목표(동기), 외적 장애물 중 한 가지 이상이 방해 요소입니다. 예를 들면 불안하고 걱정스런 감정이 방해 요소라면 난이도가 너무 높거나 기술 또는 자원이 부족하기 때문일 수 있습니다. 지루함이라면 난이도가 너무 낮기 때문일 수 있습니다. 무관심한 무기력이라면 동기와 목표의 문제일 수 있습니다. 목표가 구체적이지 않거나 스마트폰이나 외부 소음, 다른 과제의 압박 등 외부 장애 요인 때문일 수도 있습니다. 마지막으로 방해 요소를 어떻게 제거할 수 있을지를 스스로에게 질문해 극복 방법을 종이 위에 적어봅니다.

　다음은 제 강의를 듣고 위의 방법을 실제로 적용해본 후 긍정적인 피드백을 해준 학생들의 이야기랍니다. 여러분도 한번 읽어보고 몰입의 방해 요소를 찾아 제거해보는 시간을 갖기를 추천합니다.

"디지털 시스템 회로 설계 과제를 진행해야 하는데 몰입하기 힘들었어요. 저의 감정은 불안감(난이도 9, 능력 3)으로 느껴졌죠. 난이도가 너무 높은 데 비해 내 능력을 낮아서 결국 과제를 끝내지 못할 것 같은 불안감이 몰입을 방해했다고 생각했어요. 선 이수과목에 대한 지식 부족으로 판단해, 이를 차근차근 공부하는 시간을 가졌습니다. 기초를 기반으로 응용해야 하는 과제라 기초 과목을 다시 복습하는 것이 큰 도움이 되었어요. 이를 통해 과제를 끝낼 수 있다는 자신감을 찾고 불안감을 없앴습니다."

"통계 전공 과목은 저의 부족한 수학 능력을 요구한다는 점에서 난이도는 10점, 제 능력은 6점 정도로 다소 긴장감을 주는 과목이에요. 시간을 내어 공부하려 노력하는데 이때마다 항상 시간이 빠듯하게 느껴집니다. 결국 이는 불안감이나 조바심으로 이어져 집중을 방해하는 것 같아요. 이를 해결해보기 위해

할 일 목록을 작성하고 각 항목마다 예상 소요 시간을 적고 실제 소요 시간과의 차이를 비교해보았습니다(예: 회귀분석 챕터 한 개 복습하기 – 예상 시간 1시간 – 실제 소요 시간 1시간 45분). 이번 주는 예상 시간을 너무 보수적으로 측정해서 항상 공부량이 목표치보다 적어서 아쉬웠지만, 꾸준히 진행해서 시간 부족에서 오는 조바심이라는 몰입 방해 요소를 줄여보고 싶어요."

몰입은 자신의 창의성을 발휘하도록 이끄는 성장의 시간입니다. 이러한 시간이 차곡차곡 쌓이면 자신도 몰랐던 자신의 잠재된 능력을 펼칠 수 있습니다. 지금까지 우리가 지켜본 창의적인 인물들의 삶이 바로 그 증거입니다. 이 장에서는 삶을 몰입의 시간들로 채워가는 법에 대해 고민해보았습니다. 몰입하는 삶을 위해서는 자발적으로 어떤 일을 하고자 하는 마음을 찾는 것, 어려운 일을 즐길 수 있는 마음을 갖는 것, 어려운 과제 앞에서도 자신의 실력을 높이기 위해 노력하는 것이 중요합니다. 그리고 무엇보다 어떤 힘든 과정을 거치더라도 열정을 멈추지 않도록 자신에게 의미 있는 일을 '선택'하는 것, 즉 마음에서 우러나오는 '주제와 목표'를 갖춘 일을 찾는 과정이 필요합니다.

몰입하는 삶을 위한 다음의 실천 질문에 답해봅시다.

- 나는 자발적으로 흥미를 느끼며 즐기는 일을 알고 있는가?
- 나는 도전 의식을 주는 과제나 문제를 갖고 있는가?
- 나는 어려운 일을 즐기는가?
- 나는 내 기량을 높이기 위해 노력하는가?
- 나는 내가 이루고자 하는 목표를 작은 단계의 목표로 나누어 보는가?
- 나는 나에게 의미 있는 일(인생 주제)을 찾으려 노력하는가?
- 나는 틈틈이 의도적인 사색의 시간(다른 것에 방해받지 않는 시간)을 갖고 있는가?
- 나는 내가 주목할 대상을 신중히 선택하고, 목표를 세우고, 그것에 온전히 몰두하는가?
- 그래서, 나는 나의 잠재 능력을 발휘하는 성장의 시간, 즉 몰입하는 시간들로 삶을 채우고 있는가?

　몰입을 강조하는 바람에 힘이 좀 들어간 것 같습니다. 사실 우리는 아주 작은 일에서부터 몰입하는 삶을 시작할 수 있습니다. 음식을 만들며, 친구와 대화를 나누며, 책을 읽으며, 아이를 돌보며, 집안일을 하며 우리의 삶 속에 몰입할 수 있습니다. 어떠한 일이든 상관없습니다. 단 내가 주목할 대상을 신중하게 선택하고, 목표를 세우고, 그것에 온전히 몰두하는 것에서부터 시작한다면 말이죠. 의도적인 사색

의 시간도 좋습니다. 모쪼록 현재를 누리기 위해서라도 몰입으로 삶
을 채워가면 좋겠습니다.

제4장

네 번째 질문

。

나는 실행하는가

66

우리에게 뭔가 시도할 용기가 없다면

삶이 도대체 무슨 의미가 있겠니?

_고흐가 테오에게 보내는 편지 중에서

99

이번 장의 주제는 '나는 실행하는가'입니다. 사실 나는 실행하는 가, 나는 실패하는가, 라는 두 가지 주제를 두고 고민했습니다. 실행을 지우고 실패로 썼다가 다시 실행으로 바꿨죠. 실패를 강조하면 부담스러울까 싶어 다시 실행으로 적긴 했지만, 실행과 실패는 결국 함께할 수밖에 없습니다. 실패와 필연적으로 연결되어 있는 실행이라는 단어가 저에게만 부담스러운 것은 아닐 겁니다.

위대한 성취를 이룬 인물들의 단골 멘트는 "실패를 두려워하지 말고 도전하고 행하라."입니다. 누구나 이 말에 고개를 끄덕이지만 몸을 움직여 실행하기까지는 쉽지 않습니다. 창의성은 도전과 실패를 반복하는 과정에서 발현됩니다. 그렇다고 해서 무조건 도전하기를 종용할 수는 없습니다. 우리는 무엇보다 실패를 격려하는 사회에 살고 있지 않으니까요. 실패를 모두 개인의 빚으로 떠넘기는 사회에서는 실패가 예상되는 시도를 감행하는 일은 당연히 어렵습니다.

최근 통계청이 실시한 조사에 따르면 한국의 중고등학생 네 명 중한 명이 희망직업으로 공무원을 선호한다고 합니다. 이제는 놀랄 만한 뉴스도 아닙니다. 공무원 시험 응시자율은 매년 최고치를 경신하고 있고, 심지어 대학에 진학하는 대신 고등학교 때부터 공무원을 준비하는 학생들, 소위 '공딩'이라 불리는 이들의 증가율이 가장 높다고 합니다. 이렇듯 사회가 불안해지면 젊은 세대는 안정성을 기준으로 직업을 선택합니다. 가장 진보적이고, 무모해 보이는 도전을 선택할 것 같은 젊은 세대가 그 누구보다 보수적인 선택을 하는 이유는 바로 사회가 주는 생존의 위협 때문이겠지요. 이러한 불안감을 무시한 채 도전을 강요하는 것은 공허한 외침이 되기 쉽습니다. 개인의 실패를 조금이나마 격려할 수 있는 사회가 되길 바라는 마음으로 이 장을 시작합니다. 물론 이 장의 내용은 이런 사회적 변인은 잠시 접어두고, 개인에게 초점을 두었습니다.

창의적인 삶에서 실행은 빠질 수 없는 부분입니다. 창의적인 문제해결은 실행이라는 마지막 단계가 있어야 비로소 '완성'되기 때문이며 때로는 더 나은 '시작점'에 놓이게 해주기 때문입니다. 창의적인 사람들의 인생에서 꼭 빠지지 않는 말이 있는데요. 바로 '실패'입니다. 그들은 남들보다 일찍 실패하고, 심지어 더 자주 실패합니다. 그리고 이를 토대로 더 발전된 삶을 살아갑니다. 이것이 창의적인 성취를 이룬 사람들이 입을 모아 실행과 실패를 강조하는 이유일 겁니다. 이 장에서는 창조적인 삶을 위한 실행과 실패의 전략을 풀어보려 합니다. 단순히 도전하라고 외치는 것이 아니라 현명하게 실패하고 창의적으로 실행하기 위해 어떻게 접근하면 좋을지 함께 찾아보도록 하겠습니다.

모든 생각은
시도해야 완성된다

1990년, 어느 인터뷰에서 스티브 잡스가 이런 말을 했습니다. "실행하는 자들이 생각을 가장 많이 하는 자들이다." 여러분은 어떻게 생각하나요? 당시 인터뷰 진행자는 실리콘 밸리를 이끈 창업가들의 도전적인 성향을 언급하며, 스티브 잡스에게 창업 당시 이런 성향이 얼마나 중요했는지 물었고 그의 답은 이랬습니다.

글쎄요. 저는 이 업계에서 15년을 일했고 그 과정에서 많은 사람이 성공하고 실패하는 것을 지켜봤습니다. 그러면서 깨달은 점은 '실행하는 자들이 생각을 가장 많이 하는 자들이다'라는 것입니다. 이 업계를 변화시킨 무언가를 만든 사람들은 그 무언가를 생각한 사람들인 동시에 그것들을 실현시킨 사람들이에요. …아이디어를 생각해낸 사실만 가지고 자신을 높이는 것은 매우 쉬운 일이죠. '나 이거 이미 3년 전에 생각했었어!'라고 말하기는 정말 쉽거든요. 하지만 좀 더 깊이 살펴보면 무언가를 실현해낸 사람과 그것과 관련된 어려운 문제에 대해서 생각한 사람은 동일인이라는 사실을 발견할 겁니다.

누군가 무엇을 실행했다는 의미는 어떤 식으로든 '창의적 문제 해결 과정'Creative Problem Solving의 모든 단계를 거쳤다는 것입니다. 실행은 문제 해결의 마지막 단계이기 때문이죠. 창의적 문제 해결 과정은 총 4단계로 이뤄져 있습니다. 문제를 발견하고 분석하고 관련 자료를 모으는 '준비' 단계, 아이디어를 내는 '아이디어 생성' 단계, 아이디어를 평가하고 구체적으로 체계화시키는 '실행 계획' 단계, 마지막으로 준비한 것들을 현실화하기 위해 행동으로 옮기는 '실행' 단계로 마무리됩니다.

이러한 4단계는 직선적이라기보다 순환적입니다. 실행 단계에 도달했다고 해서 이전 단계가 끝난 것이 아니라는 거죠. 실행을 마무리하고 있을 때 새로운 영감이 떠오르기도 하고, 문제 자체를 다시 정의해야 하는 준비 단계로 갈 수도 있습니다. 대부분의 아이디어는 현실화 과정에서 계속 수정되고 연결되며 확장됩니다. 즉 실행은 문제 해결의 완성 단계이자 새로운 시작점에 놓이게 하는 기폭제 역할을 합니다.

실행도 생각의 과정이다

— 　　　　　모방에 대해 이야기한 제2장에서 '창의적인 아이디어는 관련 없는 대상 간의 연결에서 나온다'고 말했습니다. 연결적 사고(유추)에도 실행이 중요합니다. 실제로 대상과 대상을, 생각과 생각을 연결해보지 않으면 어떤 결과가 나올지 모르니까요. 1945년에 프랑스의 수학자 자크 아다마르Jacques Hadamard는 아인슈타인에게 물었습니다.

"창의성이 어떻게 발생되는 거죠?"

오랜 생각 끝에 아인슈타인이 입을 열었고, 그의 대답은 '결합해보는 행위'combinatory play였습니다.[59] 즉 최적의 해결책을 만들기 위해서 여러 가지 연결을 시도하는 과정에서 창의성이 발생된다는 것을 말합니다. 영화 〈스타워즈〉를 만든 조지 루카스George Lucas 감독 역시 공상과학SF에 어떤 장르를 결합해야 자신이 상상하는 영화가 탄생할지 확신이 없었습니다. 결국 SF에 여러 장르를 결합해 총 네 번의 시나리오를 직접 써봤다고 합니다. 이렇듯 자신이 구상한 아이디어

가 더할 나위 없는 좋은 결과물로 이어질지 알 수 있는 유일한 방법
은 아인슈타인이나 조지 루카스처럼 실제로 여러 가지 연결을 시도
해본 후 어떤 일이 일어나는지를 살펴보는 것입니다.

　창의성은 새로운 아이디어를 떠올리는 생각의 과정으로 설명되기
도 합니다. 그래서 실행을 생각의 과정과는 별개로 여기지요. 하지만
스티브 잡스의 말처럼, 실행한다는 것은 그 문제에 대해 가장 많은
생각을 했다는 의미입니다. 바꿔 말하면, 실행하지 않으면 온전히 생
각한 것이 아니라는 거죠. 다시금 강조하지만 실행은 창의적 문제 해
결의 완성이자 더 나은 출발점을 만들어주는 '생각의 과정'입니다.

실험은 실패를
담고 있어야 한다

아이디어를 실행하기 위해 이것저것 시도하는 과정에서 최적의 결과를 찾아내는 것. 즉 이전에 해보지 않았던 것을 시도하는 창조의 과정은 본질적으로 '실험'입니다. 세계에서 가장 혁신적인 기업으로 꼽히는 아마존의 창업자 제프 베이조스는 "1년에 하는 실험 횟수를 두 배로 늘리면 당신의 창의력도 두 배가 된다."라고 말하며, 혁신을 말할 때 다른 무엇보다 실험을 강조합니다.

　그가 쓴 〈주주들에게 보낸 연례 서한〉[60] 중 일부만 살펴봐도 실험과 실패를 얼마나 중요하게 생각하는지 알 수 있습니다.

　　실패와 혁신은 쌍둥이입니다. 이것이 우리가 1천억 달러(한화

약 109조 원)의 매출을 내면서도 끊임없이 실패에 도전하는 이유입니다. 그래서 나는 아마존을 가장 성공한 회사보다도 가장 편하게 실패할 수 있는 회사로 만들고자 합니다.(2015년)

회사는 커졌는데 그 실패의 규모가 커지지 않았다면, 무언가 변화를 이끌 만한 발명과는 멀어지고 있다는 뜻입니다. 따라서 저희는 덩치에 맞는 일탈을 계속 시도할 것입니다. …덩치에 맞는 거대한 도전, 일탈에 가까운 모험이야말로 아마존과 같은 규모의 기업이 고객과 사회에 기여하는 방법이라고 생각합니다.(2018년)

지금껏 세상에 없던 것을 만들어내려는 사람들에게 아이디어의 가능성을 타진해보는 실험은 필수적인 과정입니다. 그리고 실험은 반드시 '실패'를 담고 있어야 합니다. 항상 현실은 계획과 다르게 진행되기 때문이죠. 아마존이 추진한 사업 중에는 성공한 사업보다 실패한 사업이 더 많습니다. 예를 들면 아마존 웹페이(모바일 결제 서비스), 아마존 파이어폰(스마트폰), 아마존 월릿(전자지갑), 아마존 뮤직 임포터(음악 재생 플랫폼 서비스), 아마존 로컬(부동산 정보 결제 서비스), 아마존 엔들리스(온라인 여성 패션 전문 매장) 등 우리가 이름도 들어보지 못한 사업들을 런칭했다가 모두 실패했습니다. 실험은 실패를 목표로 해야 끊임없이 혁신이 일어난다는 베이조스의 생각을 잘 반영한 결과이기도 합니다.

실패가 창조 과정에 중요한 이유

> 창의성은 성공적인 사고의 결과물들로 만들어지기보다는 실패와 난관을 극복하는 과정에서 누적된 경험과 지식을 통해 구축된 사고의 결과물이다.[61]
>
> _R. J. 스턴버그 R. J. Sternberg

— 실패가 창조 과정에 중요한 이유는 '효과적인 배움'의 과정을 제공하기 때문입니다. 실패를 통해 배운다는 의미는 근육을 키우는 과정과 닮은 구석이 있습니다. 운동을 하지 않던 사람이 평소 쓰지 않던 근육을 쓰는 운동을 하게 되면 마치 근육이 찢어지는 것처럼 아프죠. 놀랍게도 실제로 근섬유들이 찢어지기 때문이라고 합니다. 근섬유들은 이틀 정도 지나면 스스로 회복을 합니다. 이때 앞으로 또다시 찢어질 것에 대비해서 근섬유들이 더 강하게 회복된다고 해요.

미국의 작가이자 음악가, 최대 규모의 독립음악 온라인 스토어인

시디베이비CD Baby의 창업자인 데릭 시버스Derek Sivers는 '왜 실패가 필요한가?'Why You Need to Fail라는 주제로 테드TED 강연을 하면서 다음과 같이 두 그룹의 단어를 제시했습니다.

sweet sour	pen___il paper
gasoline engine	river b___at
turkey stuffing	chi___s salsa
fruit vegetable	music l___rics
movie actress	be___r wine
computer chip	Sh___e sock

그는 청중들에게 두 그룹의 단어를 1분 동안 외우도록 하고서 기억하는 단어량을 측정했습니다. 그 결과, 사람들은 오른쪽 그룹의 불완전한 단어를 왼쪽 단어보다 세 배가량 더 많이 외웠습니다. 왜 그랬을까요? 그의 설명에 따르면, 사람들이 주어진 단어를 응시하다 철자가 비어 있는 틈을 볼 때 뇌가 잠시 머뭇거리면서 적절한 철자를 찾기 위해 노력한다고 합니다. 단어의 틈을 메우기 위해 노력한 1초 정도의 시간이 해당 단어를 강하게 기억하게 만드는 것이죠. 단어의 틈은 일상 속 고비나 위기, 실패 상황으로 비유될 수 있습니다. 이 실험은 쉽게 해결되는 상황보다 어렵고 힘든 상황을 극복하는 과정에

서 우리가 더 많이 기억하고 배울 수 있다는 점을 시사합니다. 실패가 무조건 환영받고 축하할 일은 당연히 아니지만, 실패 경험의 메커니즘이 갖는 긍정적 측면을 이해하고, 현명하게 실패할 필요가 있습니다.

많은 사람이 새로운 일에 도전하고 그중 대다수가 실패를 합니다. 흥미로운 사실은 실패한 사람들이 다시 실행했을 때 성공할 확률, 즉 재도전의 성공 가능성이 매우 높다고 해요. 이는 분명 실패 경험의 장점입니다. 뒤에서 자세히 다루겠지만, 창의적인 문제 해결은 문제 자체가 창의적이어야 유리합니다. 문제가 창의적이면 결과가 창의적일 확률이 당연히 높아지기 때문이죠. 그렇다면 실패한 상황만큼 창의적인 문제는 없을 겁니다. 자신이 낸 아이디어가 현실에서 적용되지 못했고, 방향을 새롭게 바꿔야 하는 딜레마에 놓인 상황 자체가 창의적 문제 해결이 필요한 상황인 것이죠. 그리고 그 상황을 회피하지 않고 적극적으로 해결하기 위해 뛰어들 때 자신의 창의성을 끌어내는 자극이 되는 겁니다.

가장 현명하게
실패하는 방법

창의성은 도전과 실패를 반복하는 실험의 과정에서 발현됩니다. 실패는 최선의 해결책을 찾는 과정에서 피해갈 수 없는 관문이죠. 어떻게 하면 실패를 통해 주저앉지 않고 배우며 성장할 수 있을까요? 그리고 실패를 진정한 배움으로 받아들이려면 어떤 마음가짐을 지녀야 할까요?

실패의 경험을 나눈다

—   앞서 창조 과정에서 실패를 직면하는 일의 중요성

을 이야기했습니다. 만약 우리가 기업 또는 조직의 리더라면 어떻게 직원들이 실패에 대한 두려움에서 벗어나도록 도울 수 있을까요? 픽사의 공동설립자이자 디즈니월드의 사장을 겸한 에드 캣멀Ed Catmull은 이렇게 말합니다.

"답은 간단합니다. 경영자가 자신의 실수나 실패의 경험을 솔직하게 털어놓으면 직원들은 실패해도 괜찮다고 생각하게 됩니다. 경영자는 절대 실패에서 도망치거나, 실패가 존재하지 않는 척하지 말아야 합니다.[62]

보통 사람들은 성공담은 널리 알리지만, 실패담은 혼자만의 아픔으로 숨기는 경우가 많습니다. 하지만 실패로부터 배우려면 실패를 직면해야 합니다. 그 첫 번째 과정이 바로 '실패를 공유하는 것'입니다. 다행히도 최근에는 실패 경험을 공유할 수 있는 기회를 꽤 찾을 수 있습니다. 한 예로 스타트업 관계자들이 모여 각자의 실패 경험을 공유하는 컨퍼런스인 '페일콘'Failcon은 2009년 샌프란시스코에서 시작돼 이제는 전 세계 10여 개국의 도시에서 열리는 큰 행사로 자리잡았습니다. 또 해외 대학가에도 실패를 기념하는 프로젝트들이 진행되고 있더군요. 스탠퍼드대학교에서 진행하는 '스탠퍼드, 난 망했어!'Stanford, I screwed up!라는 행사는 캠퍼스에 있는 학생들이 모여 스토리텔링, 코미디, 시, 노래, 연설 등의 다양한 방식으로 자신의 실패를 공유하며 서로 격려합니다.

그럼 우리도 실패 경험을 한번 공유해볼까요? 지금 눈 앞에 '실패 고백 상자'가 있다고 가정해봅시다. 상자 이름 그대로 자신의 쓰라린 실패 경험을 적어 넣으면 됩니다. 우선 종이에 자신의 경험을 기록해보세요. 어떤 일이었는지, 그 당시 느꼈던 심정은 어땠는지 그리고 그 일이 왜 실패했다고 생각했는지를 적어보는 겁니다. 자신의 경험뿐 아니라 주변 사람들이나 다른 실패 사례를 써서 넣어도 좋습니다. 그리고 상자를 닫습니다. 자, 이제 다시 상자를 열어 자신이 고백한 실패 경험을 꺼내 읽어봅시다. 그리고 실패의 원인을 다시 생각해보는 겁니다.

모든 실패가 동일한 것이 아닙니다. 하버드경영대학원 교수인 에이미 에드먼드슨Amy Edmondson은 실패 원인을 다양하게 파악하고 분석해 '실패 원인 스펙트럼'을 만들어 분류했습니다.[63] 이 원인들은 크게 세 가지로 묶입니다. 개인의 부주의나 능력 부족에서 기인한 예방 가능한 실패preventable, 너무 높은 난이도나 복잡한 시스템에서 피하기 힘든 실패complex-related 그리고 지적인 실패intelligent로 말이죠.

실패 원인 스펙트럼을 토대로 자신의 실패 경험을 분석해보세요. 대개 실패하면 실패 감정에만 집중하기 때문에 실패가 벌어진 과정을 뒤돌아보지 않는 경우가 많잖아요. 마음속에서 다시 꺼내어 실패의 원인을 살펴보는 시도는 감정을 정리하고, 실패로부터 배우기 위한 전략을 세우는 데 도움을 줍니다.

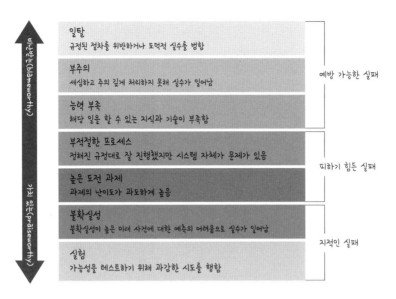

 안에 포함된 텍스트:

세로 화살표 왼쪽: 탓할만한(blameworthy) ↕ 가치 있는(praiseworthy)

일탈
규정된 절차를 위반하거나 도덕적 실수를 범함

부주의
세심하고 주의 깊게 처리하지 못해 실수가 일어남

능력 부족
해당 일을 할 수 있는 지식과 기술이 부족함

부적절한 프로세스
정해진 규정대로 잘 진행했지만 시스템 자체가 문제가 있음

높은 도전 과제
과제의 난이도가 과도하게 높음

불확실성
불확실성이 높은 미래 사건에 대한 예측의 어려움으로 실수가 일어남

실험
가능성을 테스트하기 위해 과감한 시도를 행함

오른쪽 괄호 레이블:
예방 가능한 실패
피하기 힘든 실패
지적인 실패

○ 실패 원인 스펙트럼

생각을 오래 품지 않고 작은 실패를 반복하는 것

— 　　　　실패 경험의 메커니즘이 갖는 긍정적 측면을 이해한다 해도, 단순히 배움의 과정으로 인식해 위안을 삼기에는 우리 사회에서 실패를 부정적으로 보는 인식이 너무나 강합니다. 제프 베이조스가 아마존을 '가장 편하게 실패할 수 있는 회사'로 만들었지만, 그런 조직에서 일할 수 있는 행운은 누구에게나 오는 것이 아니니까요. 그렇다면 현명하게 실패하는 방법은 정말 없는 걸까요? 진정한

배움으로 연결되는 실패를 찾는 방법이 있다면 과연 무엇일까요?

카네기멜런대학교의 스티븐 도Steven Dow 교수와 그의 연구팀이 '현명한 시행착오'에 대한 간단한 실험을 했습니다.[64] 실험 참가자들을 A와 B 두 팀으로 나눈 후 달걀 떨어뜨리기 시합을 진행했는데요. 이 시합의 목표는 달걀을 땅에 떨어뜨려도 깨지지 않는 보호장치를 만드는 것이었습니다. 즉 달걀이 떨어져도 깨지지 않았을 때 높이가 더 높은 팀이 이기는 것이었죠.

A팀과 B팀은 그들에게 주어진 철사끈, 아이스크림 막대, 골판지, 고무줄, 거품, 휴지를 가지고 25분 동안 보호장치를 설계하고, 15분 동안 제작했습니다. 단 두 팀에게 주어진 조건 중 한 가지 차이점이 있었습니다. 바로 제공되는 달걀 수입니다. A팀에는 달걀 한 알만 주었고, B팀에는 '5분 간격으로 낙하 시험을 해보라'는 권유와 함께 달걀 한 판을 주었습니다.

A팀은 25분 동안 한 가지 보호장치를 설계했고 최종 결과물을 완벽하게 만들려고 노력했습니다. 반면 B팀은 하나의 장치에 완벽을 기하지 않고 여러 가지 설계안을 실험해보며 장치를 여러 차례 수정했습니다. 결과는 어땠을까요? 쉽게 예상할 수 있듯이 설계 단계에서 여러 차례 달걀을 깨뜨리며 실험해볼 수 있었던 B팀이 더 우수한 보호장치를 만들었습니다. 최종적으로 달걀을 떨어뜨렸을 때 B팀이 만든 보호장치는 평균 185센티미터까지 버텼고, A팀은 100센티미

터밖에 버티지 못했습니다. 이 실험을 통해 한 가지 아이디어나 제품을 완벽하게 만들려고 애쓸 때보다 여러 가지를 실험하고 실패를 반복해서 수정할 때 훨씬 더 좋은 결과가 나온다는 것을 알 수 있습니다. 즉 위험부담이 낮은 '작은 실패'를 반복하는 것이 성공의 가능성을 높인다는 것이죠.

이러한 실패의 원리는 스타트업을 꿈꾸는 창업가들이 알아두어야할 지혜이기도 합니다. 젊은 창업가들에게 잘 알려진 린 스타트업 Lean Startup[65]이라는 경영전략이 있습니다. 이 전략의 핵심 내용은 자신의 아이디어가 성공할 수 있는지를 최대한 부담이 적게 낮은 비용을 들여 시장에서 검증해보는 것입니다. 스타트업은 특성상 자본이 부족하고 불확실성이 매우 높습니다. 자칫 오랜 시간에 걸쳐 많은 돈을 들인 다음 제품을 시장에 출시해 부정적인 반응을 얻으면, 즉 실패를 하게 되면 다시 도전하기 어렵습니다. 그러한 과정을 개선하기위해 린 스타트업은 빠르게 아이디어를 실현해보고 시행착오를 통해 아이디어를 보완하는 방법, 즉 만들고build 측정하고measure 배우는learn 일련의 과정을 제시합니다.

여기서 첫 단계인 MVP Minimum Viable Product, 즉 최소 기능만 가진 제품을 되도록 빠르게 만드는 것이 중요합니다. 새로운 아이디어가 나오면 완벽하지 않더라도 최대한 빠르게 고객 테스트가 가능한 제품, 핵심적인 기능만 포함된 MVP를 만들어 시장에 선보입니다. 그

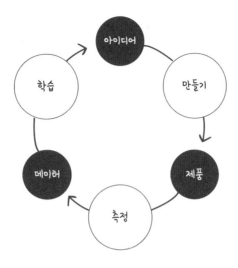

○ 만들기-측정-학습 피드백 순환

런 다음 고객의 반응을 분석해 문제점을 발 빠르게 개선합니다. 만약 아이디어의 가설이 잘못됐음을 발견하면 방향을 바꿉니다. 린 스타트업을 고안한 에릭 리스Eric Ries는 이러한 과정을 작은 실패를 반복하며 성장하는 배움의 과정, 즉 '유효한 학습'이라고 말합니다.

한번은 게임 개발자들의 경험을 공유하는 자리에 우연히 참여한 적이 있습니다. 참석자들의 발표 내용 중 '1 week 1 game'(일주일마다 게임 하나씩 만들어내는 프로젝트)에 관한 부분이 인상 깊었습니다. 보통 시장에 출시되는 게임의 개발 기간이 최소 3개월 정도라는 점을 감안했을 때 7일은 매우 빠듯한 시간이라고 볼 수 있습니다. 하지만 이 프로젝트의 목적은 게임의 완성도가 아닌 작은 실패를 통한 실력 향상이었습니다. 좋은 게임을 만들겠다고 아이디어만 무작정 고민하기보다 실제로 어설프고 미흡한 부분이 있더라도 실제 게임을 만들어보면서 피드백을 신속하게 받는 것이 효과적일 수 있다는 점이 이 프로젝트가 실시된 배경이었습니다. 실제로 이 방식으로 게임을 만든 후, 그중 하나를 집중적으로 개발해 성공한 개발자도 있다고 해요.

실패에 대한 위험부담을 줄이는(그리고 실패를 통해 성장할 수 있는) 핵심적인 방법은 '생각을 오래 품지 않는 것'입니다. 가능한 한 빨리 남들 앞에 프로토타입(또는 MVP)을 내놓고, 신속한 피드백을 받아야 합니다. 아이디어를 더 오래 잡고 있을수록 애착을 더 갖게 될 뿐입니다. 그러면 점점 더 아이디어를 버리기 어려워지죠. 실패를 통한 배움의 기회도 놓치게 되고요. 결국 큰 실패를 감당해야 합니다.

실패를 이겨내는 마음가짐

—   아무리 실패를 통해 배움을 얻는다고 해도, 실패에 익숙지 않은 사람은 쉽게 좌절감을 느낄 수 있습니다. 이번에는 실패를 받아들이는 마음가짐에 대해 이야기해보려 합니다. 실패를 어떻

게 받아들이는지에 따라 실패가 배움의 과정이 될 수도 있고, 좌절의 이유로 남을 수도 있으니까요.

과연 우리는 실패를 어떻게 받아들여야 할까요? 흥미로운 사실은 누구에게나 실패는 끔찍하지만, 이를 받아들이는 사람들의 태도가 대부분 두 갈래로 나뉜다는 것입니다. 바로 실패를 자신의 무능함으로 치부하고 주저앉는 부류와 반대로 실패를 배움과 노력의 기회로 여기고 성장하는 부류인데요. 이를 바탕으로 좀 더 전문적인 근거를 살펴봅시다.

스탠퍼드대학교 심리학과 캐럴 드웩Carol Dweck 교수는 '고정 마인드셋'fixed mindset과 '성장 마인드셋'growth mindset이라는 두 가지 마인드셋(마음가짐)을 발견했습니다.[66] 드웩 교수의 말에 따르면 우리가 어떤 마인드셋을 가지고 있느냐에 따라 실패를 대하는 방법이 극적으로 달라진다고 말합니다. 고정 마인드셋을 지닌 사람들은 자신의 재능과 능력이 변하지 않고 고정되어 있다고 생각합니다. 아무리 노력한다 해도 이를 바꿀 수 없다고 믿죠. 또 세상이 자신을 계속 증명해 보일 것을 원한다고 생각해 실수와 약점을 숨기고 똑똑해 보이고 인정받는 것에 집중합니다. 자칫 자신의 능력에 결함이 있음을 드러낼 수 있기에 섣불리 새로운 도전을 하지 못합니다. 늘 잘하는 것만 하려 하고 어려운 일은 아예 시도조차 하지 않죠. 이런 태도는 한번 실패를 맛보면 한없이 주저앉아버리게 된다고 합니다.

반면 성장 마인드셋을 지닌 사람은 누구나 재능과 능력을 성장시킬 수 있다고 생각합니다. 지금 우리가 배우고 있는 것처럼 실패를 배움의 자연스러운 과정으로 받아들이죠. 따라서 실패로부터 회복하는 속도가 빠릅니다. 이들은 지금 현재 누가 더 잘하느냐를 비교하는 것보다 과거의 나보다 현재의 내가 얼마나 더 성장했는지를 스스로 비교하는 것에 더 의미를 둡니다.

여러분은 어떤 마인드셋을 갖고 있는 것 같나요? 만약 고정 마인드셋이 지배적이라면 왜 그러한 마음가짐이 자리 잡게 되었을까요? 드웩 교수의 연구에서 흥미로운 점은 고정 마인드셋이 형성되는 과정입니다. 그는 지능검사를 마친 아이들을 두 집단으로 나눠 각각 다른 방식으로 칭찬하는 실험을 진행했습니다.

먼저 한 집단에게는 "와, 정말 높은 점수를 받았네. 너는 상당히 똑똑한 아이구나." 하는 식으로 '지능'을 강조하는 칭찬을 했습니다. 다른 한 집단에게는 "와! 정말 높은 점수를 받았네. 정말 열심히 노력했구나."라며 노력이나 끈기를 인정하고 문제를 풀어낸 '과정'에 대해 칭찬했습니다. 그 후 두 집단의 아이들 모두에게 똑같은 질문을 던졌습니다.

"이제 어떤 문제를 풀고 싶니? 네가 풀어봤던 쉬운 문제, 아니면 못 풀 수도 있지만 새로운 것을 배울 수 있는 문제 중에 무엇을 고르겠니?"

그러자 지능에 대한 칭찬을 받은 집단에서는 대체로 친숙하고 자신이 잘할 수 있는 문제를 선택했습니다. 반면 과정에 대해서 칭찬을 받은 집단에서는 배움으로 이어지는 어려운 문제를 선택하는 비율이 압도적으로 높았지요.

마지막으로 두 집단 모두에게 어려운 문제를 주었습니다. 그 결과, 지능을 칭찬받은 아이들은 자신감을 잃은 반면, 과정을 칭찬받은 아이들은 자신감을 유지했습니다. 심지어 과정을 칭찬받은 집단에서는 풀기 힘들 만큼 어려운 문제를 가장 마음에 드는 문제로 꼽기까지 했습니다. 이처럼 부모나 교사, 주변인 같은 외부인의 메시지가 마음가짐에 큰 영향을 줍니다. 반대로 실패를 대하는 우리의 태도는 자신은 물론, 동료, 그리고 아이들의 행동에 영향을 미칩니다.

성장 마인드셋의 언어로 바꾼다

— 따라서 우리는 그동안 자신도 모르게 사용했던 고정 마인드셋의 언어를 성장 마인드셋의 언어로 바꿔야 합니다. 저도 자신에게 했던 말, 부모님이나 선생님, 동료들에게 들었던 말 중에 나의 성장 마인드셋에 부정적인 영향을 미쳤던 말이 무엇이었을지 곰곰이 생각해봤습니다. 예를 들면 "이건 내가 잘 못하는 거야", "결

과가 중요하지", "지금 당장 내가 이걸 잘할 수 있을까?" 같은 말들이 떠올랐어요. 이러한 고정 마인드셋의 말들을 이렇게 바꿀 수 있을 겁니다. "이걸 잘하기 위해서 어떤 걸 키워줘야 하는 거지?", "과정 속에서 많은 걸 배울 수 있도록 노력하자", "(지금 당장이 아니어도) 내가 이걸 해낼 수 있는 방법을 배울 수 있을까?"

여러분도 이렇게 생각해보세요. 나 자신이나 부모님, 선생님, 주변 사람들의 말 중에서 나의 성장 마인드셋에 부정적인 영향을 미쳤던 말들을 떠올려보고, 이들을 성장 마인드셋에 긍정적인 영향을 주는 말들로 바꿔보는 것입니다.

도전하는 삶은 언제나 실패를 안고 가야 한다는 것을 기억해두세요. 창의적인 사람들은 실행하는 자들이기에 남들보다 일찍 실패하고 더 자주 실패합니다. 실패를 '배움'과 연결하는 데도 익숙합니다. 사람은 실패를 통해 배워야 성장할 수 있습니다. 누구에게나 실패는 쓰라린 일입니다. 하지만 실패를 통해 더 많은 정보를 갖게 됩니다. 그리고 실패의 순간이 곧 다시 시작할 기회가 된다는 마음가짐, 지금 내가 하는 일이 내 능력을 증명해주는 것이 아니라 내 능력을 성장시켜주는 일이라는 마음가짐을 가져야 합니다.

창조적인 삶을 산 사람들은 이러한 성장 마인드셋의 태도가 몸에 밴 사람들입니다. 누구나 성장 마인드셋을 가질 수 있습니다. 어쩌면 처음 한계에 부딪혔을 때 자신도 모르게 이를 극복하며 '성장'했던 경험 하나가 중요할지 모릅니다. 그리고 그런 경험들이 쌓이고 쌓이면 깨닫게 될 겁니다. 실패에 의연하기 위해서는 스스로 노력의 힘을 믿어야 한다는 것을 말입니다.

창의적 실행을 위한
네 가지 전략

실패를 통해 배움을 얻는다고 해도 실행이 선행되지 않으면 어떤 것도 배울 수 없습니다. 제프 베이조스의 아마존도 수많은 창의적 실행을 통한 실패를 경험하지 못했다면 더 나은 결과를 얻기 위한 기초를 다지지 못했을 겁니다.

지금부터 네 가지 실행 전략을 소개하려 합니다. 첫째 문제를 해결하기 앞서 문제를 제대로 살펴보는 것, 둘째 적절한 도움의 대상을 찾아 도움을 요청하는 것, 셋째 스스로를 움직이게 하는 제약을 만들어 놓는 것, 마지막으로 낯선 타인과 함께하는 것입니다. 이러한 전략들은 실행의 주저함을 이겨내는 데 큰 도움이 될 것입니다. 또 이는 창의적인 결과를 낳는 전략이기도 하지요.

문제에 대한 정의부터 시작하기

> 문제를 해결하는 데 주어진 시간이 한 시간이고 그 해결책에
> 내 인생이 달려 있다면, 나는 우선 어떤 질문을 제기하는 게 적
> 절한지 판단하는 데 55분을 쓸 것이다. 일단 적절한 질문이 무
> 엇인지 알기만 한다면 문제 해결엔 5분도 안 걸리기 때문이다.
>
> _알베르트 아인슈타인

— 　　　　창의적인 사람들은 무모할 것 같다는 선입견이 있지만, 실제로는 전혀 그렇지 않습니다. 그들도 실행의 전 단계를 차근차근 밟으며 문제를 해결해나갑니다. 특히 아인슈타인의 말처럼 첫 단계인 '문제가 무엇인가?'에 집착합니다. 왜 창의적인 사람들은 문제에 집착할까요?

　'창의적인 문제 해결'이라는 개념을 처음 접했을 때 이런 궁금증이 들었습니다. 창의적인 문제 해결은 말 그대로 창의적인 문제를 해결하는 걸까, 아니면 문제를 창의적으로 해결하는 걸까? 여러분은 어떻게 생각하나요? 대부분 두 번째 접근 방식이라고 생각합니다. 그러나 창의성 연구자들은 첫 번째 접근이 좀 더 창의성에 도움이 된다고 말합니다. 문제의 질이 해결책의 질을 결정하듯 창의적인 문제는 창의적인 결과를 이끌기 때문입니다.

우리가 마주하게 되는 문제들은 대부분 두 가지 형태로 나눌 수 있습니다. 정의가 잘된 문제well-defined problem와 정의가 안된 문제ill-defined problem입니다. 정의가 잘된 문제는 문제의 본질이 분명하고, 문제를 해결하는 데 필요한 정보가 문제 안에 모두 주어집니다. 따라서 해결 방안을 수립하기가 비교적 명확하고 쉽습니다. 우리가 학교에 다닐 때 풀었던 문제들은 대부분 정의가 잘된 문제들입니다. 한편 정의가 안된 문제는 현재의 상태, 목표 상태, 문제를 해결하는 과정들에 대한 정보가 적게 주어지거나 전혀 주어지지 않기도 합니다. 보통 현실에서 우리가 맞닥뜨리는, 즉 새로운 해결 방안이 필요한 문제들이 대부분 정의가 안 된 문제의 형태입니다. 이러한 문제들은 문제의 본질이 복잡해서 쉽게 파악하기 힘든 경우가 많습니다. 더 심한 경우, '문제 자체가 무엇인지도 모르는 상태'가 됩니다. 우리는 평소 의문을 갖지 않고 무엇이 문제인지도 모르는 상황에 놓여 있습니다. 하지만 우리가 의식하지 못하고 있을 뿐, 문제는 늘 존재합니다.

창의적인 문제 해결은 이렇게 우리가 의식하지 못하고 있는 문제를 발견하는 것에서부터 시작합니다. 정의가 안된 문제의 경우, 문제를 다시 바라보고(관찰하고) 재정의하는 과정이 꼭 필요합니다. 그래야 자신 앞에 놓인 상황이 '창의적인 문제'가 되고, 결과적으로 창의적인 문제 해결 과정을 이끌 수 있습니다.

저는 한때 디자이너의 사고 과정에 대해 연구한 적이 있습니다. 다수의 디자이너에게 제한된 시간 안에 디자인 과제를 해결하도록 지시하고, 그 사고 과정을 분석한 프로토콜 연구(생각을 의도적으로 입 밖으로 내어 말하도록 해 사고 과정을 기록하고 분석하는 연구)였습니다.[67] 연구에 참여해 창의적인 결과물을 낸 디자이너들은 훨씬 더 오랜 시간을 들여서 콘셉트(문제)를 도출했습니다. 또한 콘셉트를 잡고 진행하는 과정에서도 다시 초기 콘셉트 과정으로 돌아가 이를 재정의하고 수정하는 횟수가 더 많았습니다. 즉 문제를 발견하고 분석하는 초기 단계에 더 많은 시간을 쓰는 것이죠. 불행히도 많은 사람이 진짜 문제가 무엇인지 파악하는 것에 집중하지 않은 채 주어진 문제를 해결하기 위해서만 서두릅니다. 눈에 쉽게 보이는 문제만을 해결하기 위해 무작정 시작했다 실패를 경험하고 난 후, 그제야 문제를 정의하고 파악하는 것에서부터 잘못되었다는 사실을 깨닫습니다. 이렇듯 성공적인 실행을 위해서 문제를 다시 바라보는 시간이 꼭 필요합니다.

비즈니스 영역으로도 눈을 돌려볼까요? 창의적인 문제와 관련된 꽤 유명한 마케팅 사례가 있습니다. 세계적인 스포츠용품회사인 나이키도 한때 판매 부진을 겪었습니다. 그때 마케팅 팀원들은 판매 부진의 원인을 스포츠용품 시장에 우후죽순 생겨나는 경쟁사들 때문이라고 생각했지요. '경쟁사와의 싸움에서 어떻게 해야 이길까?' 팀원들이 이러한 문제를 두고 해결책을 제시했지만, 결과는 나아지지 않았습니다. 진짜 문제는 다른 곳에 있었기 때문입니다. 그들의 실제 경쟁 상대는 스포츠용품회사들이 아니었습니다. 밖에 나가서 뛰어놀아야 할 아이들이 닌텐도 게임에 정신이 팔려 전혀 운동을 하지 않았던 것이 진짜 문제였습니다. 나이키의 진짜 경쟁사는 '닌텐도'였고, 나이키가 해결해야 할 진짜 문제는 "아이들을 다시 밖으로 나가게 하려면 어떻게 해야 할까?"였던 겁니다.

'왜?'를 여러 번 묻는다

— 　　　　　　문제를 정확히 파악하려면 어떤 사고방식을 갖고 있어야 할까요? 저는 아이들에게서 그 해답을 찾을 수 있다고 생각합니다. 아이들은 '왜?'라는 질문을 참 많이 합니다. 마트에 가자고 할 때도, 이제 잘 시간이라고 할 때도, 오늘은 나가 놀지 못한다고 할 때도, 한번에 말을 듣는 법이 없습니다. '왜?'라는 질문을 네다섯 번쯤 하고 나서야 수긍이 되면 그때 말을 멈추거나, 엉덩이를 떼지요.

가끔 아이가 묻는 '왜?'라는 질문에 답변을 하다 보면 신기하게도 저 스스로 문제가 명확해지는 경험을 합니다. 아이들이 끊임없이 '왜?'라고 묻는 과정과 똑같은 사고기법이 있습니다. 바로 '5Whys'입니다. 현재 자신이 해결해야 하고, 자신 앞에 주어진 문제에 대해 연속으로 여러 번 '왜?'라는 질문을 반복하면서 문제의 근본 원인을 파악하는 방법입니다(단 횟수가 반드시 다섯 번일 필요는 없습니다).

이 기법을 적용한 예를 한번 살펴볼까요? 미국의 제3대 대통령 토머스 제퍼슨을 기리기 위해 만든 제퍼슨 기념관에 문제가 생긴 적이 있습니다. 기념관은 새하얀 원형 대리석으로 지어진 건축물이어서 주야로 불을 밝히고 있으면 그 풍경이 너무 아름다워 인기가 많았죠. 그런데 언제부턴가 대리석이 빠른 속도로 부식되기 시작했습니다. 이때 기념관을 관리하던 사람들은 5Whys 기법을 다음과 같이 적용해 이 문제를 간단히 해결했다고 합니다.

1. 왜 대리석이 빨리 부식될까?
   → 관리 직원들이 대리석을 비눗물로 자주 씻기 때문이다.

2. 왜 비눗물로 자주 씻는가?
   → 비둘기들이 자주 날아들어 배설물을 많이 뿌리기 때문이다.

3. 왜 비둘기가 자주 날아드는가?
   → 비둘기 먹이인 거미가 많이 살기 때문이다.

4. 왜 거미가 많이 사는가?
   → 거미의 먹이인 나방이 많이 날아들기 때문이다.

5. 왜 유독 나방이 많은가?
   → 황혼 무렵 점등되는 기념관 불빛 때문이다.

이러한 질문 과정을 통해 진짜 문제는 오랜 점등 시간임을 밝혀냈고, 기념관의 점등 시간을 두 시간 줄여 문제를 해결했다고 합니다. 보통 이런 문제가 발생했을 때, 당장 눈에 보이는 문제만을 해결하는 데 급급해 대리석 보수 공사부터 진행하려고 합니다. 하지만 근본적인 문제가 해결되지 않으면 재원만 낭비하는 꼴이 되지요.

우리 주변에서는 어떤 문제를 발견할 수 있는지 생각해볼까요? 여러분에게 가장 해결이 시급한 문제를 떠올려보세요. 대학생들이라면 가장 해결하고 싶은 문제는 단연 '취업'입니다. 누구나 왜 취업이 쉽게 안 되는지를 고민하지만, 이러한 접근은 근본적인 문제를 건너뛴 경우입니다. "내가 어떤 것을 잘하지?", "어떤 일을 찾아야 할까?", "무엇이 삶의 기준이 되지?" 등에 대한 문제 말이죠. 여러분도 어떤 일을 실행하기에 앞서서, '왜?'라는 물음을 반복해보길 바랍니다. 문제 속에 다른 진짜 문제가 숨어 있을지도 모르니까요.

실행을 위한 도움 청하기

— 창의적 문제 해결 프로그램Creative Problem Solving Program, CPSP은 창의적 사고 과정을 토대로 효과적으로 문제를 해결하기 위해 개발된 세계적으로 유명한 교육 과정입니다. 각 단계는 크게 문

제 발견, 아이디어 생성, 실행 계획으로 나뉘어 있고, 실제 문제를 가지고 실습하는 방식으로 진행됩니다. 여기서 우리가 주목할 부분은 실행 계획을 세우는 마지막 단계에서 하는 첫 번째 활동입니다. 바로 문제 해결을 위한 과제를 실행할 때 '도움을 받는 사람'의 목록을 가장 먼저 작성하는 것입니다. 창의성 프로그램인데, 이는 다소 의외의 활동이라는 생각이 들 수 있습니다.

도움을 받을 사람의 목록을 작성하는 단계에 대해 처음 들었을 때 제가 대학 시절에 진행했던 프로젝트가 생각났습니다. 저는 1998년 IMF 경제 위기와 함께 대학 생활을 시작했는데요. 당시 연이은 대기업의 부도와 고금리, 그에 따른 실업자들의 문제까지 겹쳐 온 나라가 심각한 상황이었습니다. 그때 노동청에서 '실업자를 위한 심리 프로그램'을 개발하는 프로젝트를 학과 교수님께 맡겼고, 저는 그 프로젝트의 조교로 참여했습니다. 그 프로그램의 목적은 실업자들의 심리적 치료와 직업 연수를 통해 재취업을 돕는 것이었습니다. 심리 프로그램을 통해 다양한 활동을 계획했는데, 실업자들이 재취업하는 데 가장 도움이 되었던 활동이 있었습니다. 바로 자신의 실업 상황을 주변에 알리는 것이었죠.

스티브 잡스도 한 인터뷰에서 다른 사람의 도움을 받았던 이야기를 꺼낸 적이 있습니다. 그가 열두 살 때 휴렛팩커드의 공동창업자인 빌 휴렛에게 전화를 걸어 도움을 청했던 것이죠.

"안녕하세요, 스티브 잡스입니다. 저는 열두 살이고 고등학생인데 요. 주파수 계수기를 만들고 싶어서 연락드렸습니다. 혹시 남는 부품 이 있으시면 저에게 주실 수 있으신가요?"

그는 그 전화 한 통으로 주파수 계수기 부품을 받았을 뿐 아니라, 그해 여름 휴렛팩커드에서 일할 수 있는 기회도 얻었다고 합니다. 이 경험을 이야기하면서 그는 큰일을 성취하는 사람들과 그런 일을 단 지 꿈꾸기만 하는 사람들의 차이는 도움을 요청하는 행동에 있다는 점을 강조했지요.

문제 해결을 위해 적절한 대상을 찾아 도움을 요청하는 것은 창의 적인 실행에서 중요한 부분입니다. 그러나 사람들은 생각보다 주위 에 선뜻 도움을 요청하지 않습니다. 저 역시 누군가에게 도움을 요청 하게 되면 스스로 문제를 해결해내지 못한 나약함을 세상에 드러내 는 것처럼 느껴졌습니다. 그래서 혼자 끙끙대다가 어떤 시도조차 못 한 적이 많았죠. 상대방으로부터 거절당할 것에 대한 불안감도 한몫 했을 겁니다. 물론 누구나 거절당할 수 있습니다. 그래도 누군가에게 도움을 요청하는 시도는 우리가 생각했던 것보다 긍정적인 결과를 줄 수 있습니다. 미리 결과를 예상하고 주눅 들 것이 아니라, 먼저 도 움을 청해보는 것은 어떨까요? 또 다른 가능성을 만들어낼 수 있는 값진 기회가 될지 모릅니다.

스스로를 움직이게 만드는 제약

—   종종 사람들에게 "저는 참 실행력이 부족해요."라고 말하면 다들 의아하다는 표정으로 저를 바라봅니다. 실행력이 부족하다는 사람이 어떻게 새로운 프로젝트를 운영하고, 이렇게 책도 쓰냐는 것이겠죠. 하지만 저는 누구보다 제 자신을 잘 알고 있습니다. 스스로를 다그치는 압박이 없다면 바쁜 일상 속에서도 고질병인 게으름이 활개를 칠 겁니다. 그래서 반드시 해야 하는 일, 하고 싶은 일들은 절대 시작하지도 못하고 지나가버릴 겁니다.

그런 제 자신을 게으름으로부터 떼어놓기 위해 가장 잘 활용하는 실행 전략은 문제 상황에 스스로를 던져놓는 것입니다. 어떤 문제를 반드시 해결해야 하는 입장에 자신을 몰아넣고 압박하는 것이죠. 이 책을 써온 과정이 적절한 예가 되겠네요.

이 원고를 쓰기 위해 한국연구재단의 지원을 받았습니다. 창의성에 대한 책을 쓰겠다는 마음은 예전부터 있었지만 역시나 차일피일 미루고 있었습니다. 그래서 외부 제약 요소를 찾기 시작했지요. 마침 한국연구재단에서 진행하는 출판지원사업을 접하고서 계획서를 제출했습니다. 다행히도 계획서가 당선되었고 연구비를 받고 진행을 시작하게 됐습니다. 그렇게 연구비를 받은 책임감이 더해지고, 원고를 제출해야 하는 마감일이 정해져 있었기에 스스로를 다그치며 글을 쓸 수 있었습니다.

스스로 제약이나 압박을 만드는 방법은 여러 가지가 있습니다. 그 중 주변에 자신의 계획을 공표하는 것이 대표적입니다. 사람들은 말이나 글로 자신의 생각을 공개하면 그 생각을 끝까지 고수하려는 경향이 있다고 합니다. 이를 '공개 선언 효과'public commitment effect라고 합니다. 공개 선언 효과를 높이려면 가능한 한 많은 사람이나 자신에게 영향력 있는 사람들에게 공개해야 합니다. 공개 선언이 실행에 도움이 되는 중요한 이유는 주변인으로부터 '도움'을 받을 수 있기 때문입니다. 이때 한 번에 그치지 말고 반복해서 공개해야 합니다.

우리는 보통 결심을 마음에만 담아두려고 합니다. 남들에게 알리기 부끄럽기도 하고, 혹시라도 실패했을 때 돌아올 사람들의 비난도 두렵기 때문이죠. 또 남몰래 세워둔 계획을 실행해 극적인 성취만을 알리고 싶은 마음도 있을 겁니다. 하지만 정말 어떤 계획을 실행하고 싶다면 공개 선언과 같은 제약 상황을 스스로 만들어보세요.

낯선 타인과 함께하기

—   익숙한 일상을 새롭게 보려 해도 우리는 자신의 틀에서 벗어나기 쉽지 않습니다. 자신의 관심 영역과 지식틀에 따라 선

택적으로 세상을 바라보기 때문이지요. 저는 이를 이겨내는 가장 간단한 방법으로, 제1장에서 '타인과 함께하기'를 추천했습니다. 《관찰의 인문학》을 쓴 알렉산드라 호로비츠가 썼던 방법처럼요. 그녀는 같은 길을 어린 아들을 비롯해 다양한 직종의 사람들과 함께 걷습니다. 그 과정을 통해 익숙한 곳에서 전혀 다른 풍경을 발견하는 법을 알게 되기 때문입니다. 타인의 눈을 빌려 세상을 바라보려 할 때에는 되도록이면 관심 영역과 관점이 다른 사람과 함께할수록 좋습니다.

창의적 문제 해결 과정은 크게 네 단계로 이루어져 있습니다. 문제 발견, 아이디어 생성, 실행 계획, 실행이죠. 모든 단계가 빠짐없이 이루어져야 문제 해결이 되었다고 할 수 있습니다. 그런데 모든 단계를 잘 해내는 사람은 많지 않습니다. 어떤 사람은 문제를 분석하고 자료를 수집하는 과정을 잘 해내지만, 행동으로 옮기는 데 어려움을 겪을 수 있습니다. 또 어떤 사람은 실행력이 있지만 준비 단계를 제대로 거치지 못해 실행 결과가 나쁜 사람도 있지요.

여기서 잠깐 자신의 문제 해결 스타일을 한번 점검해 볼까요? 자신이 어떤 단계에 강점을 갖고 있는지 또 약점을 갖고 있는지를 말이에요. 이를 파악할 수 있는 간단한 심리 검사를 살펴보도록 하겠습니다. 이 검사는 제 연구팀에서 개발했던 창의적 문제 해결 프로파일 검사CPSPI[68]를 수정한 내용입니다.

창의적 문제 해결 프로파일 진단하기

다음 문항을 잘 읽고 자신에게 가장 가깝다고 생각되는 점수를 체크한다.

전혀 그렇지 않다(1) – 그렇지 않다(2) – 보통이다(3) – 약간 그렇다(4) – 매우 그렇다(5)

1. 나는 '그것은 왜 그럴까?'와 같은 질문을 스스로에게 많이 한다	1-2-3-4-5
2. 나는 남들이 당연하다고 생각하는 것에 의문을 가질 때가 많다	1-2-3-4-5
3. 나는 평소에 어떤 장면이나 상황에 대해 '문제는 없는가?', '더 낫게 할 수는 없는가?'라고 스스로에게 질문하는 것을 좋아한다	1-2-3-4-5
4. 나는 기존의 문제를 새로운 관점으로 재정의하는 것을 좋아한다	1-2-3-4-5
5. 나는 문제를 해결하려 하기 전에 문제의 본질을 파악하기 위해 많은 시간을 투자한다	1-2-3-4-5
6. 나는 아이디어를 모으기 전에 기존 자료나 정보를 꼼꼼히 수집한다	1-2-3-4-5

문제 발견·분석의 총점: _____

7. 나는 팀 활동을 할 때 새로운 아이디어를 제안하는 경우가 많다	1-2-3-4-5
8. 나는 남들이 생각하지 못한 독특한 아이디어를 잘 생각해낸다	1-2-3-4-5
9. 나는 독창적인 아이디어가 요구되는 과제를 잘할 자신이 있다	1-2-3-4-5
10. 나는 짧은 시간에 아이디어를 많이 생각해낼 수 있다	1-2-3-4-5
11. 나는 기존의 것에서 착안해 새로운 아이디어 만드는 것을 잘한다	1-2-3-4-5
12. 나는 새로운 아이디어를 생성해내기 위해 은유와 유추를 즐겨 사용한다	1-2-3-4-5

아이디어 생성의 총점: _____

13. 나는 아이디어를 현실화할 수 있는 계획을 구체적으로 잘 짠다	1-2-3-4-5
14. 나는 아이디어를 평가할 때 평가 기준을 명확하게 세우려고 노력한다	1-2-3-4-5
15. 나는 다양한 대안들을 분석해 가장 효과적인 것을 잘 선택해낸다	1-2-3-4-5
16. 나는 아이디어를 실행하기에 앞서 개선하거나 정교화하기 위한 노력을 기울인다	1-2-3-4-5
17. 나는 아이디어를 실행하기 위한 계획을 문서화하는 것을 좋아한다	1-2-3-4-5
18. 나는 해결책을 실행하기 전에 여러 가지 결과를 예상하면서 계획을 구성한다	1-2-3-4-5

실행 계획의 총점: _____

19. 나는 아이디어를 행동으로 옮기는 것을 좋아한다	1-2-3-4-5
20. 나는 일을 벌이는 것을 좋아한다	1-2-3-4-5
21. 나의 생각이나 결과물을 다른 사람에게 보이는 것을 즐긴다	1-2-3-4-5
22. 나는 나의 결과물을 사람들에게 자신있게 표현하고 그들을 설득할 수 있다	1-2-3-4-5
23. 나는 방해 요인이 있더라도 일단 일을 과감히 추진한다	1-2-3-4-5
24. 사람들이 내가 완성한 것에 비판적인 태도를 보여도 실망하지 않고 재시도한다	1-2-3-4-5

실행의 총점: _____

[채점 방식]

① 각 유형별 문항 점수를 더해 총점을 기록한다.

② 다음 그래프에 각 단계의 총점을 차례대로 표시하고 이를
선으로 연결한다. 그리고 4개의 점수 중 가장 높은 점수에서
3점을 뺀 점수에 수평선(기준선)을 그린다.

③ 수평선 위에 있는 점들이 선호 유형이다. 자신의 선호 유형

은 한 개가 될 수도 있고 여러 개가 될 수도 있다. 만약 모든

점이 수평선 사이에 있다면 통합적인 유형이다.

[결과 설명]

■ 문제 발견 및 분석(1단계) 유형

새로운 질문이나 문제를 찾아내고, 찾아낸 문제를 다양한 측면

으로 분석하고 재정의하는 단계다. 복잡한 현상 속에서 무엇이

문제인지를 명확히 인식함으로써 창의적 문제 해결의 출발점

을 마련한다. 이를 위해서는 사물 및 현상에 끊임없는 의문을 갖고 관찰하는 습관, 개방성 그리고 필요 또는 불필요함에 대한 민감성, 분석력과 같은 특성이 요구된다.

문제 발견 및 분석 단계 점수가 높은 사람의 특성은 다음과 같다. 도전과 기회를 탐구하는 것을 즐기며, 세부 내용들을 분석하는 것을 잘한다. 문제를 분명하게 이해하는 데 많은 시간을 쓰며, 문제 해결을 위한 방법론적 접근을 선호한다. 단 과도한 생각에 따른 결정(행동)의 어려움이 있을 수 있다.

■ 아이디어 생성(2단계) 유형

문제 해결을 위해 가능한 한 다양하고 독창적인 아이디어를 만들어내는 과정이다. 이를 위해서는 다양한 각도로 현상을 파악해야 하며 관련 없어 보이는 사물이나 복잡한 현상들을 연결 지음으로써 자신만의 새롭고 독특한 아이디어를 생성하는 능력이 중요하다.

아이디어 생성 단계 점수가 높은 사람의 특성은 다음과 같다. 큰 그림(틀)을 보는 것을 좋아하며 상상력이 풍부하고 아이디어와 여러 가능성을 탐색하는 것을 즐긴다. 포괄적이고 추상적인 용어들을 생각하는 것을 선호한다. 단 자신의 아이디어를 강조하고 세부사항을 간과하기도 한다.

■ 실행 계획(3단계) 유형

발상으로부터 얻은 아이디어를 신중히 평가해 최적의 대안을 선택하고, 이를 현실화하기 위해 구체적으로 계획을 구상하는 단계다. 효과적인 문제 해결을 위해서는 무조건 실행에 옮기는 것이 아니라 아이디어를 정교화하고, 문제와 관련된 상황과 환경을 분석해 구체적인 계획을 수립하는 과정이 필요하다.

실행 계획 단계 점수가 높은 사람의 특성은 다음과 같다.

추상적인 아이디어를 작업 가능한 해결책으로 만들고, 여러 해결책을 비교해 따져보고 결점을 찾는 것을 선호한다. 단 아이디어를 실행 가능한 단계로 계획하는 과정에서 완벽한 해결책을 개발하는 것에 발이 묶일 수 있다.

■ 실행(4단계) 유형

계획한 아이디어를 자신감 있게 실행해 현실화하는 과정으로, 아이디어를 가시적인 결과물로 만들기 위해 에너지를 쏟는 단계다. 자신이 실행한 결과를 현장에 공유하고, 자신의 실행 결과에 대한 피드백을 얻는 과정도 포함된다.

실행 단계 점수가 높은 사람의 특성은 다음과 같다.

일을 벌이거나 아이디어가 실현되는 것을 좋아한다. 추상적인 것보다 실행 가능한 아이디어와 해결책에 관심을 둔다. 단 너무 빠르게 행동에 뛰어드는 경향이 있다.

여러분은 어떤 유형인가요? 자신의 점수를 모두 계산해 그래프를 그려보면 오른쪽 예시 그래프처럼 그려볼 수 있습니다. 이러한 프로파일은 개인에 따라 한 유형이 유독 높게 나올 수도 있고, 여러 유형이 모두 높게 나올 수도 있습니다(이 그래프에서는 기준선 위에 있는 두 가지 유형, 즉 문제 발견·분석과 실행 계획임).

이 검사를 하는 이유는 크게 두 가지입니다. 첫 번째, 내가 전체 문제 해결 프로세스 중 어떤 부분에 강점이 있고, 보완해야 할 점이 무엇인지를 파악하기 위한 것입니다. 여기서 주의할 점은 문제 해결 프로파일은 단지 자신의 유형을 비교하기 위한 정보이지, 다른 사람과 비교하는 수단이나 규준을 제공하지는 않는다는 사실입니다. 두 번째, 팀을 조직할 때 도움을 받기 위한 것입니다. 만약 문제 해결의 초기 과정은 잘 해내지만 실행 부분에서 부족한 사람이라면 실행에 강점을 가진 사람과 협력하면 가장 좋습니다. 자신의 부족한 면을 타인을 통해 보완해 시너지를 높이는 것이 바로 팀워크니까요. 예시로 제 유형이 무엇인지 살펴보자면 저는 문제 발견과 분석 단계 점수가 가장 높고, 실행 단계 부분의 점수가 가장 낮습니다. 그래서 실행력이 높은 동료와 팀이 되면 성과가 좋을 때가 많습니다. 가끔씩 완벽하게 준비하고 계획하려는 제 스타일과 일을 벌이려고 하는 상대의 스타

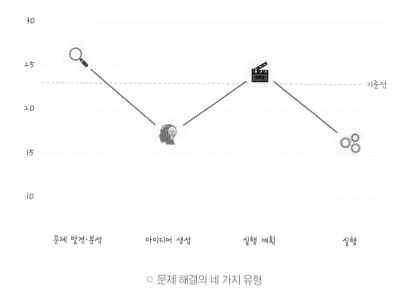

30

25

기준선

20

15

10

| 문제 발견·분석 | 아이디어 생성 | 실행 계획 | 실행 |

○ 문제 해결의 네 가지 유형

일이 서로 충돌하기도 하지만, 일을 완성하는 데 이보다 좋은 궁합은 없으니까요. 여러분도 자신의 프로파일 유형을 점검해보고, 시너지를 높일 수 있는 동료가 누구인지 한번 찾아보길 바랍니다.

한 번도 해보지 못한
일을 시도하기

하루 종일 쉼 없이 세상을 탐색하는 호기심의 결정체는 바로 어린아이들입니다. 아이들의 호기심 가득한 행동 배후에는 아세틸콜린이라는 신경 전달 물질이 있습니다. 어린 시절에는 아무런 노력을 하지 않아도 아세틸콜린이 분비된다고 합니다. 이 물질의 영향으로 아이들의 뇌는 세상을 배우고 싶은 엄청난 호기심과 집중력의 전원을 자동적으로 켜놓은 상태가 되는 것이죠. 하지만 뇌의 자동 메커니즘은 우리가 성장을 하면서 멈추며, 그 이후에는 수동으로만 작동된다고 합니다.[69] 다시 말해 어린 시절을 지내고 나면 의도적으로 노력해야만 호기심이 생기게 됩니다.

생물학적으로 볼 때 호기심은 굉장한 적응 기제입니다. 유기체가 살아남기 위해 필수적인 요소이죠. 호기심은 아이가 새로운 것을 두려워하기보다 낯선 세상을 탐색하고 도전하도록 이끌어주는 역할을 합니다. 세상에 빠르게 적응할 수 있도록 도와주죠. 그런데 세상의 지식을 어느 정도 습득하고 나면, 호기심은 점차 사라집니다. 그때부터는 낯선 것에 대한 탐색보다는 자원의 보존과 삶의 안정에 에너지를 써야 생존 확률이 높아지니까요. 이렇게 나이가 들면서 호기심이 사라지는 것은 생물학적으로 매우 자연스러운 현상입니다.

사라지는 호기심을 붙잡아야 한다

— 혹시 '호기심' 하면 떠오르는 동물이 있나요? 서양 속담 중에 '호기심이 고양이를 죽인다'Curiosity killed the cat라는 속담이 있는 것처럼 고양이는 호기심을 대변하는 동물 중 하나입니다. 제가 기르고 있는 고양이가 있는데요. 저는 그 고양이에게 '니오타니' neoteny라는 생물학적 용어에서 딴 '니오'라는 이름을 붙여주었습니다. 니오타니란 생물학적 성장이 끝났음에도 의식 안에서 호기심, 상상력, 장난치기, 새로운 것에 대한 배움의 욕구들처럼 초기 성장 단계를 여전히 밟아나가며 어린 시절의 감성과 환상들을 그대로 간직한 어른들을 은유적으로 지칭하는 용어입니다.[70] 나이가 들어도 어

린아이 같은 호기심을 유지하는 사람들이 있죠. 호기심 역시 창의적인 사람들의 공통된 특성입니다. 혀를 내밀고 장난스럽게 웃고 있는 말년의 아인슈타인이나 수줍은 듯 아이 같은 미소를 짓는 천상병 시인을 보고 있으면 저는 니오타니라는 말이 생각납니다.

창조적인 삶을 꿈꾼다면, 사라지는 호기심을 붙잡아야 합니다. 자신이 좋아하는 일에는 자연스레 몰입하듯, 어떤 대상에 대해 알고 싶고 숨은 원리가 궁금해 미칠 지경이라면 누구나 스스로 실행하게 됩니다. 즉 호기심은 망설임 없이 행동하게 만드는 원동력입니다. 자, 어떻게 하면 호기심을 붙잡을 수 있을까요?

《뇌를 읽다》를 쓴 뇌 과학자 프레데리케 파브리티우스Friederike Fabritius는 호기심을 불러일으키는 호르몬인 아세틸콜린을 분비시키는 활동으로 세 가지 방법을 제안했습니다. 첫째, 특정 대상에 빠져들기 위해 의식적으로 주의를 집중해볼 것. 둘째, 신체 운동을 할 것. 셋째, 새롭고 놀라운 경험에 지속적으로 노출될 것. 저는 수업에서 세 번째 방법을 다루고 있습니다. 어느 순간 자신에게서 호기심이 사라지는 것 같은 느낌을 받게 된다면 의도적으로 새로운 곳을 찾아가거나, 이전에는 한 번도 경험해보지 못한 활동을 시작해보는 겁니다.

작은 것이라도 좋습니다. 매일 지나다니는 길을 벗어나 새로운 골목길을 찾아 떠나는 것도 좋습니다. 매일같이 펼쳐보던 전공 서적을 잠시 덮어두고 문학 서적을 펼쳐보는 것도 좋습니다. 우리의 뇌에서 사라져가는 호기심을 다시 붙들 수 있다면 무엇이든 괜찮습니다. 먼저 실행해보는 것이 창의성의 시작이니까요.

한 번도 해보지 못한 일을 시도하기

내가 가장 좋아하는 일은
전에 해본 적이 없는 일을 하는 것이다.

_칼 라거펠트

—   창의성 교양 수업의 마지막 날은 축제의 날처럼 웃음과 박수 소리가 가득합니다. 학생들은 서툰 솜씨로 기타도 치고, 랩과 비트박스도 하고, 춤도 추고, 패션쇼도 합니다. 자기가 만든 뮤직비디오도 틀고, 시 낭송도 합니다. 여행과 걷기의 기록들을 발표하고, 기계나 쓰레기 없이 살아본 경험, 단편소설과 공모전에 도전한 과정을 발표하기도 합니다. 바로 마지막 과제인 '한 번도 해보지 못한 일을 시도하기'(성균관대학교의 최인수 교수가 '창의적 사고' 교양 수업에서 기획한 과제)를 공유하는 날이기 때문이죠.

누구나 꼭 해보고 싶지만, 남몰래 마음속에 담아둔 일들이 있습니다. 이 과제는 바쁜 일상 속에서 용기를 쉽게 내지 못하는 사람들을 위해 만든 과제입니다. 강의 마지막 날, 모두에게 발표 과제를 강압적으로 수행하도록 만드는 것이죠. 과제의 제한사항은 이겁니다. "지금이라도 마음먹고 하루 만에 할 수 있는 것이라면 본 과제의 성격과 맞지 않는다!"

우선 과제를 실행하려면 자신이 해보지 못한 경험 중에서 용기 내도전할 일을 선택해야 하고, 그 실행 과정을 상세히 담을 수 있어야 합니다. 지금까지 자신이 '해보고 싶었던 일'을 나열해보고, 실행 계획을 세우고, (서툴지만) 결과물을 얻는 과정을 통해 학생들은 많은 것을 발견하게 됩니다. 자신이 어떤 일을 좋아하는지, 의외로 잘하는 일이 무엇인지 등 실제로 시도해보지 않았다면 전혀 몰랐을 '자신'에 대해 알아가는 기회가 되죠. 그리고 용기를 내어 시도하는 행위가 어떤 결과를 얻게 하는지도 배우게 됩니다.

저는 이 과제를 학생들에게만 부여하지 않습니다. 저 역시 매 학기 하나씩 작은 시도를 실행하고 공유합니다. 그중 하나가 그림 전시회를 열었던 일입니다. 전시회라 하면 거창하게 들릴지도 모릅니다. (제1장에서 이야기한) 관찰력을 키우는 데 가장 좋은 방법인 드로잉을 사람들에게 설명하면서 말로만 강조하는 데는 한계가 있었습니다. 또한 저 자신에게도 실험해보고 싶었지요. 그래서 시간이 날 때마다 드로잉을 했습니다. 식물원에 가서도 쭈그리고 앉아서 그림을 그렸습니다. 제가 그림을 그리고 있으면 아이들이 몰려와 스케치북을 훔쳐보기도 했습니다. 창피함도 무릅쓰고 열심히 그렸죠. 혼자 열정을 이어가기 힘들 때에는 드로잉 모임에도 참여했습니다. 그렇게 지속적으로 그림을 그리자 그림이 꽤 쌓였고, 단골 카페에 전시를 할 수 있을 정도가 되었습니다. 곧바로 지인들을 불러 저의 첫 번째 그림 전시회를 열었습니다.

여러분도 한 번도 해보지 않았던 일을 시도해보세요. 너무 어렵게 생각하지 않았으면 합니다. '한 번도 해보지 않은 일'이라고 해서 뜬금없는 새로운 일이 아닙니다. 그동안 자기 안에 꾸준히 내재되어 있던 것들, 그러나 아직 미처 발현되지 않았던 일들을 발견하면 됩니다. 그리고 그것을 마음껏 뿜어내는 것입니다.

일단, 수직을
세워보는 것

그림을 다시 그리게 되어

얼마나 기쁜지 말로 다 할 수가 없구나.

난 항상 그림 그리는 걸 생각했지만

그건 불가능하고 내 능력 밖의 일이라고 생각했거든.[71]

_반 고흐가 동생 테오에게 쓴 편지에서

언젠가 건축가 친구가 제게 "집을 지을 때는 수평을 맞추는 것이 굉
장히 중요해."라고 말했습니다. 어떻게 수평을 확인하느냐는 제 질문
에 친구가 답했습니다. "물론 여러 가지 기술로 확인하지만, 가장 정
확한 방법은 수직을 세워보는 거야."

수직을 쌓아가며 수평의 오차를 조금씩 수정해나가야 한다는 의미가 제게 생소하면서도 익숙하게 들렸습니다. 창의적인 문제 해결을 위해 문제를 재정의하거나 끊임없이 실패를 거듭하는 것과 같은 맥락이라는 생각도 들었습니다. 특히 제가 말하고 싶은 '실행'의 핵심과 닮아 있었습니다.

저에게 책을 쓴다는 일은 실행하기 어려운 일 중 하나였습니다. 무엇보다 다른 사람들이 제 글을 보게 될 테니까요. 문체라든가, 문단의 나눔이라든가, 지식 전달의 구성까지 모두 고민이 됐습니다. 하지만 목차를 구성하고 일단 제가 하고 싶은 말을 강의하듯이 무작정 쓰기 시작합니다. 한번 쓰기 시작하면 잘 쓰든 못 쓰든 소제목 하나는 무조건 완성합니다. 다시 세부 목차를 뒤집어가며 재구성을 합니다. 일차적으로 쓴 글을 모두 저장해놓았지만, 모두 지우는 것을 두려워하지 않는 것이 중요합니다.

저는 이전까지 이런 방식으로 글을 써본 적이 없었습니다. 모든 과정을 파악하고 이해한 다음 글을 써야 한다고 생각했기 때문이죠. 하지만 모든 사람에게는 창의성이 있습니다. 사람의 뇌는 정말로 특별하고 뛰어나서, 어떤 문제 상황에 처하게 되면 어떤 방식으로든 해결을 하고 맙니다. 건축가 친구가 수직을 세워보며 수평을 확인하듯, 하나씩 눈앞의 문제를 수습해나가다 보면 노하우가 저절로 생기게 되는 경우가 많습니다.

이렇게 생각해보면 실행도 키워갈 수 있는 습관입니다. 물론 호기롭고 배짱이 좋아 실행을 어려워하지 않는 사람들도 있습니다. 하지만 창의적인 사람들은 의외로 신중한 실행자들이 많습니다. 창의적인 문제 해결을 위한 실행을 하기에 앞서 기질적으로 자신에게 모험적인 성향이나 추진력이 있는지를 따질 필요가 없습니다. 일단 문제 상황에 자신을 놓아두고, 실행을 하다 발생하는 오차를 수정해가면서 실행의 방식을 배워가면 됩니다.

창의적인 사람들의 성격을 표현할 때 위험을 감수하는risk-taking 모험적인 성향을 언급하곤 합니다. 이것이 우리의 편견임을 밝힌 흥미로운 연구가 있습니다. 기존의 틀을 깨는 창의적인 아이디어는 사람들에게 잘 받아들여지지 않습니다. 그래서 새로운 아이디어를 세상에 내보내기 위해서는 위험 감수의 성향이 필요할 것이라고 생각합니다. 그런데 사회적 성취를 이룬 창업자들의 성향을 분석한 연구 결과, 의외로 위험 회피자risk averter의 성향, 즉 차근차근 준비하고, 위험을 체계적으로 관리하는 성향을 가지고 있었다고 합니다.[72] 앞서 살펴본 것처럼 큰 위험 부담(낭비)을 줄이기 위해 작은 실행을 반복하고, 현명하게 실패하는 전략이 바로 위험 회피자들의 전략입니다.

누구나 실행자가 될 수 있습니다. 일단 시작해봐야 합니다. 그것이 중요합니다. 그리고 창의적 문제 해결에 대한 끈을 놓지 말고 자기만의 속도(스타일)로 이어가는 용기를 내어 도망치지만 않으면 됩니다.

실패는 재미있지도 만만하지도 않은 것입니다. 그러나 대부분의 실패는 우리가 충분히 극복할 수 있는 수준입니다. 오히려 도전을 거부하는 것이야말로 가장 큰 실패라고 말합니다. 《오리지널스》를 쓴 애덤 그랜트는 오랜 시간 동안 세상을 변화시킨 창의적인 사람들을 연구해온 결과를 이렇게 말했습니다.

> 그들도 우리와 마찬가지로 두려움을 느끼고 회의에 빠진다는 점이 놀라웠습니다. 하지만 그들이 우리와 다른 점은 그럼에도 불구하고 어쨌든 용기를 내어 행동에 옮긴다는 점입니다. 그들은 실행하다가 실패하더라도 시도조차 하지 않는 것보다는 덜 후회한다는 사실을 마음속 깊이 알고 있었습니다.[73]

자신이 생각한 무언가를 실행해야 할지, 또는 새로운 도전을 받아들여야 할지 고민하고 있나요? 우선 일단 시작해보는 것이 어떨까요? 실행하는 삶을 위한 다음의 실천 질문에 답해봅시다.

- 나는 실패한 경험이 있는가?
- 나는 실패 경험을 공유하는 데 주저함이 없는가?
- 나는 생각을 너무 오래 움켜쥐고 있지 않은가?
- 나는 나의 생각이나 결과물(프로토타입)을 다른 사람에게 내

보이고 피드백을 받으려 하는가?

- 나는 실패를 통해 배우는 사람인가?
- 나는 문제를 해결하기에 앞서 '문제'에 대해 생각하는 시간을 갖는가?
- 나는 실행을 위해 적절한 도움의 대상을 찾아 도움을 요청하는가?
- 나는 나의 문제 해결 스타일을 인지하고 있는가? 그리고 협업을 통해 보완할 수 있는가?
- 나는 한 번도 해보지 못한 일을 시도하는 용기가 있는가?
- 그래서, 나는 도전과 (작은) 실패를 반복하며 성장하고 있는가?

내 안에 깃든 열망이 아무리 크더라도 그것을 세상 밖으로 드러내지 않는 이상 아무 의미가 없습니다. 부끄러워하거나 두려워하지 말고 실험해보세요. 큰 실패가 두렵다면 작은 실행을 반복해서 실행하고 과감하게 실패하세요. 그리고 다양한 사람들의 피드백을 받아보세요. 너무 오랫동안 자신의 생각을 움켜쥐지 말았으면 합니다. 일단 발을 내딛어 자기만의 속도로 걸음을 옮겨보세요. 경로는 언제든 수정하면 됩니다. 사실 이건 저 자신에게 해주는 조언이기도 합니다.

제5장

다섯 번째 질문

。

나는 함께하는가

"

우리는 집단을 이루어야 한다.

세상을 변화시키고 싶다면 집단을 이루어 협력해야 한다.

_알랭 드 보통

"

　최근 사회역학을 연구하는 김승섭 교수가 쓴 《아픔이 길이 되려면》이라는 책을 감명 깊게 읽었습니다. 사회역학은 질병의 원인을 사회 속에서 찾고, 부조리한 사회구조를 바꿔 사람들이 더 건강하게 살 수 있는 길을 찾는 학문이라고 합니다.[74] 그는 사회적 관계망이 인간 몸에 어떤 영향을 끼치는지를 다룬 하버드대학교 리사 버크먼Lisa Berkman 교수의 연구[75]를 소개하면서, "우리는 사회적으로 연결될수록 더 오래 산다."라는 결론을 내립니다. 우리 인간은 필연적으로 사회적인 존재입니다. 따라서 어떻게 사회적인 연결망을 잇고 살아가느냐가 생명과도 직결되죠.

　우리의 창의성도 사회와 연결돼야 합니다. 창의성은 자신이 가장 잘할 수 있는 나다움의 능력을 찾아 그것을 사회적 가치와 연결할 때 비로소 발현됩니다. 보통 창의적인 인물을 생각하면 고독한 천재를 떠올리지만, 사실 그들은 누구보다도 사회와 연결된 삶을 산 사람들입니다. 또 통념에 맞서 새로운 길을 개척하려면 혼자 힘만으로 힘들다는 것을 잘 인식한 사람들입니다. 그렇기에 자기 안에 매몰되지 않고 집단지성을 활용하고 협력과 공유를 통해 자신의 가치를 나눈 사람들입니다.

자신의 고유성을 사회 속에서 발현시키는 방법, 그리고 혼자가 아닌 함께 우리의 것을 창조해가는 방법은 무엇일까요. '나는 함께하는가.' 이 책의 마지막 장에서 함께 고민해볼 주제입니다.

우리 같이
할까요?

창의적인 발견에 대해 여러분은 평소 어떤 이미지를 가지고 있나요? 종이더미가 수북이 쌓인 책상 앞에 괴짜 같은 누군가가 턱을 괴고 생각에 빠져 있거나 실험실에서 흰 가운을 입은 한 과학자가 현미경을 한참 들여다보다 "오! 유레카!"를 외치는 장면을 떠올리지는 않나요? 이것은 창의적인 발견에 대한 꽤 고전적인 이미지입니다. 그런데 창의적인 아이디어가 정말 혼자 방에 틀어박혀 있거나 현미경을 들여다보고 있을 때 생길까요?

《탁월한 아이디어는 어디서 오는가》를 쓴 스티븐 존슨Steven Johnson은 대부분의 창의적인 아이디어는 혼자 있을 때가 아닌 함께 있을 때 나온다고 말합니다. 이를 뒷받침하는 근거로 맥길대학교의 케빈 던바Kevin Dunbar 교수의 연구를 사례로 소개하는데요.[76] 던바 교수는 가장 좋은 아이디어들이 어디에서 나오는지 찾아내고자 했습니다. 이를 위해 그는 전 세계 여러 연구실을 찾아다니며 과학자들의 사소한 대화와 행동을 모두 비디오에 담았습니다. 그 결과, 혁신적인 생각은 실험실에서 혼자 연구할 때나 현미경 앞에서 생기는 것이 아니라는 사실을 발견하게 되는데요. 실제로는 매주 실험실 사람들이 모여 최신 데이터와 자신들이 발견한 내용, 또는 자신들이 저지른 실수나 예상치 못한 오차 등을 함께 공유하는 회의실의 테이블에서 생겨났던 것입니다.[77]

한 천재의 영웅적 이야기에 열광하는 우리 사회에 "창의적인 아이디어는 '함께' 있을 때 나온다."는 던바 교수의 연구는 꽤 주목할 만합니다. 흔히 사람들은 한 사람이 온 세상을 상대하는 이야기와 한 천재의 고독한 노력으로 세상을 바꾼 창의적 산물이 탄생하는 이야기에 열광합니다.

혁신적인 창의성에 관한 이야기를 할 때 자주 언급되는 '고독한 창조자 신화'The Lone Creator Myth는 협업의 사실을 무시한 채 창의적인 결과를 단순히 한 사람의 전유물로 돌리려는 태도를 가리키는 말입니다. 이러한 태도를 가리켜 단지 '신화'라고 일컫는 것은 던바 교수의 연구에서 발견한 것처럼 대부분의 창의적인 성과가 공동의 노력으로 이루어지기 때문이지요.

함께하는 경험을 갖는 것

피라미드 건설, 파나마 운하, 달 착륙.
생각해보면 인류의 거창한 업적들은
한 사람이 아니라 모두가 협력해서 한 일이지요.
_루이스 폰 안Luis von Ahn, 리캡차reCAPCHA 개발자

— 대학 수업을 들으며 조별 과제를 할 때 여러분은
어떤 역할을 했나요? 팀원들이 이끄는 대로 마지못해 과제를 수행
하는 편이었나요? 아니면 팀원들을 이끄는 리더 역을 도맡았나
요? 저는 대학 시절에 조별 과제가 힘들었던 적이 많았습니다. 무임
승차를 하는 조원들에게 화가 나기도 하고, 의견 조율에 상당한 시간
을 써야 하다 보니 과제를 하는 과정이 너무 낭비되는 것 같습니다.
그래서 과제는 혼자 하는 것이 더 좋다고 생각했습니다. 하지만 사회
에 나가 보니 혼자 할 수 있는 일은 거의 없었습니다. 일의 규모가 커
서 개인의 지식과 경험으로는 감당할 수 없을뿐더러 함께해나간다
는 자체가 일을 마지막까지 추진하는 힘이 되었습니다. 게다가 우리
가 살아가고 있는 사회는 점점 더 함께하는 것이 필수인 세상이 되고
있습니다. 앞으로 우리가 해결해야 할 문제는 더욱 다양한 분야의 사
람들이 머리를 맞대야 해결할 수 있는 복잡한 문제가 될 테니까요.

융합의 시대라고 들어보셨을 겁니다. 학문뿐만 아니라 우리 생활을 둘러싼 모든 것들이 합쳐져 새로운 분야, 새로운 사물, 새로운 라이프 스타일을 만들고 있습니다. 한 분야의 지식만으로는 해결할 수 없는 시스템적인 문제들이 점점 많아집니다. 로봇공학자 데니스홍은 이렇게 말합니다.

"로봇공학은 굉장히 융합적인 학문이에요. 컴퓨터과학, 기계공학, 전기전자공학 등이 한데 섞여 있죠. 제가 로봇을 이야기할 때, '나의 로봇'이라고 말하지 않고 '우리 로봇'이라 쓰는 이유도 협업이 불가피한 분야라는 이유 때문이에요."[78]

그의 말처럼 로봇 하나를 만들려면 컴퓨터과학, 기계공학, 전기전자공학, 언어학, 심리학 등의 지식들이 한데 섞여야 합니다. 이처럼 미래의 분야들은 협업이 불가피해질 겁니다. 그리고 협업은 그동안 불가능하다고 여겨진 많은 일을 가능하게 만들어줄 겁니다. 얼마 전 세상에 공개된 최초의 블랙홀 사진처럼요. 2019년 4월 10일, 인류가 상상 속에서 그토록 그려왔던 블랙홀의 모습을 실제 관측을 통해 촬영한 사진이 공개되었습니다. 이러한 과학적 성과를 이루는 데에는 캘리포니아공과대학교 부교수 케이티 바우먼Katie Bouman의 공이 컸습니다. 3년 전 바우먼 교수가 박사과정 중에 개발한 알고리즘을 기반으로 블랙홀의 실제 관측이 가능했다는 것이 알려지면서 그에게 많은 관심이 쏠렸습니다. 하지만 그는 그 모든 과정을 혼자서 해낸 것이 아니라 팀워크였음을 강조합니다.

"불가능해 보이는 이 프로젝트가 가능한 이유는 여러 학문 분야에서 서로에게 가져다주는 전문성 덕분입니다. 우리는 천문학자, 물리학자, 수학자 그리고 엔지니어분들이 모여 있었습니다. 이것이 바로 불가능으로 여겨졌던 일을 이뤄낼 수 있었던 비결입니다."

실제로 블랙홀 관측은 200여 명의 과학자들이 전 세계 여덟 곳에 설치된 관측기를 동원해 실행한 국제 공동 프로젝트였습니다.

타인의 눈을 빌려 뇌의 한계를 극복한다

―   개인이 여러 분야의 지식과 경험을 두루두루 갖기에는 한계가 있습니다. 더구나 인간은 어느 정도 자신의 관점과 경험으로 세상을 보려는 한계를 지니고 있습니다. 새로운 발상을 이끌어내는 '융합'은 혼자서 이뤄내기 쉽지 않습니다. 제1장에서 우리는 의외로 주변 사물을 잘 보지 못한다는 이야기를 했습니다. 우리 뇌는 한계가 많습니다. 이런 한계를 극복할 수 있는 간단한 방법은 다른 사람들에게 물어보는 것입니다.

"나는 이것을 보았는데 당신은 무엇을 보았나요?"

이렇게 사람들에게 묻다 보면 우리의 맹시는 타인의 협력을 얻어

보완됩니다. 타인의 눈을 빌려 우리 뇌의 한계를 극복하는 것이 바로 창의적인 해법입니다. 곧 다양한 사고방식을 가진 사람들이 함께하는 것이며, 이를 통해 융합의 결과를 얻는 것입니다.

우리에게는 함께하는 것에 대한 익숙함이 필요합니다. 과학 분야에서 영재 교육 대안을 마련하기 위한 한 연구 프로젝트가 진행됐습니다. 당시 국내외 과학자들, 영재 교육 전문가들, 선발된 영재들이 하나같이 입을 모아 하는 이야기가 있었습니다. 영재아들에게는 지적인 교류를 할 수 있는 집단이 필요하며, 그러한 만남을 이어주는 환경 또한 필요하다는 것이었습니다. 이를 통해 '협력적 시너지'를 경험할 수 있도록 하는 것입니다. 협력적 시너지란 함께 모여 각자의 역량을 최대로 발휘했을 때 개인이 할 수 있었던 결과보다 훨씬 멋진 결과치를 얻어내는 집단적 활동 경험을 말합니다. 특히 이런 경험을 어린 시절에 해보는 것이 중요합니다. 협업의 태도는 성장하며 자연스레 체화돼야 하기 때문입니다.

경기도 평생교육진흥원에서 진행한 교육특강에 나간 적이 있습니다. 나이가 꽤 있으신 분들을 대상으로 한 특강이었어요. 저는 특강에 참여한 분들을 팀으로 묶어 함께 생각을 묻고 의견을 정리하는 간단한 활동을 제안했습니다. 그런데 결국 참가자분들은 합의를 끌어내지 못하셨어요. 그중 한 분이 그 이유를 말씀해주셨습니다. "이렇게 팀으로 무언가 해본 경험이 없어요." 긴 세월 동안 협업의 경험을 갖지 않았기에 의견을 나누고 합의를 이끄는 팀 활동이 너무나 어색하고 힘들었던 거지요. 함께하는 경험을 갖는 것, 그럼으로써 혼자일 때보다 더 멋진 결과를 얻는 경험을 갖는 것. 융합의 시대를 살아가면서 이보다 좋은 교육적 경험이 있을까요.

다양한 생각이
가장 새로운 생각을 낳는다

어떻게 팀을 구성해야 창의성을 높일 수 있을까? 창의적설계연구소에 재직할 당시에 제가 진행했던 연구 주제 중 하나였습니다. 결론부터 말하자면 다양성diversity을 고려하는 것, 즉 테이블에 다른 관점을 가져올 수 있는 사람들로 팀을 구성하는 것입니다. 이와 관련된 많은 연구에서도 같은 결론을 지지하고 있습니다.

 그 당시 매 학기 공과대학 600명의 학생들을 팀 단위로 나누어 구성해주었습니다. 이때 전공, 성별, 나이 등 눈에 보이는 인구사회학적 특성을 기반으로 다양성을 고려합니다. 특히 심리적 특성을 고려하는데요. 이를 파악하기 위해 팀을 구성하기 전에 MBTI(융의 '성격유형론'을 토대로 고안한 자기보고식 성격검사)를 실시하고, 한 팀에 다양한 심리 유형을 포함시킵니다. 이때 정반대 유형의 사람들이 짝을 이루는 것이 가장 이상적입니다. 이렇게 팀원들의 다양성을 고려할수록 학생들의 팀 활동의 만족도나 결과물의 질도 높아졌습니다.[79]

당시의 연구 경험을 토대로, 저는 모든 수업의 첫날에는 팀을 구성하는 시간을 갖습니다. 다양성을 갖춘 팀을 만들기 위해 학생들이 테이블을 직접 이동하면서 팀을 만들죠(성별, 전공, 학년, 심리 특성 등의 요소를 고려). 팀 구성 활동 전에 각자의 심리 특성을 알 수 있는 검사를 실시하면 좋습니다. 창의성 수업에서는 보통 제4장에서 설명했던 문제 해결 프로파일 검사(215쪽)를 실시합니다. 그중에서도 저는 전공의 다양성을 가장 강조합니다. 전공의 지식틀은 문제를 보는 방식에 영향을 주기 때문이죠. 다양한 전공의 학생들이 모여 다학제적 관점을 나누는 것만으로도 창의성을 자극하기에 충분합니다. 켈로그 경영대학원 캐서린 필립스Katherine Phillips 교수는 자신과 다른 사회집단의 사람과 함께 일하는 것만으로도 문제 해결 능력이 더 높아진다는 사실을 발견했습니다. 필립스 교수는 "우리가 다양성을 싫어하는 건 다양성 때문에 노력을 더 많이 해야 하기 때문이에요. 하지만 불편하면 생각을 더 하게 되는 거죠."[80]라고 말합니다.

나와 다른 관점을 지닌 사람들, 그래서 내 생각에 반대를 하기도 하는 사람들과 교류하는 일은 나의 창의성과 집단의 창의성을 향상시킵니다.

팀플레이를 도와주는 공간과 활동들

— 　　　　　공간은 우리의 생각과 정서에 영향을 줍니다. 따라서 교육을 위한 물리적 공간이라면 교육의 목표와 전략에 맞춰 구성돼야 합니다. 대학에는 계단식으로 된 첨단 강의실이 점점 늘어나고 있습니다. 영화관처럼 뒤에 앉은 학생들이 앞사람의 방해 없이 앞을 잘 볼 수 있도록 의자도 편하게 마련하고 있습니다. 이런 강의실은 가르치는 사람이나 배우는 사람이나 모두 선호할 수밖에 없습니다. 그런데 한번은 리모델링한 첨단 강의실로 제 수업을 배정받은 적이 있습니다. 저는 부리나케 달려가 강의실을 기존 강의실로 변경해달라고 했지요. 왜냐고요? 계단식 강의실에서는 학생들끼리 자유롭게 모여 이야기할 수 있는 자리 배치가 불가능하기 때문입니다.

　제 강의처럼 창조성을 촉진하고자 하는 목적이 있거나 공간을 쓰기 위한 다른 목적이 있다면, 각각에 적합하게 공간을 구성해야 합니다. 공간은 곧 자유로운 생각을 더욱 촉진하는 물리적 조력자 역할을 합니다. 계단식 강의실은 창의성을 위한 공간이라고 할 수 없습니다. 팀 창의성을 높이는 공간이라면 적어도 책상과 의자의 이동이 편한 융통성 있는 구조여야 하고, 벽에 자유롭게 아이디어를 쓰고 포스트잇을 붙일 수 있는 화이트보드가 있어야 합니다. 아마존, 구글과 같은 혁신적인 회사에서 사원들이 자유롭게 아이디어를 나누도록 복도 구석구석 화이트보드와 의자가 놓인 작은 공간을 두어 사원들이 모여 자유롭게 의견을 나눌 수 있도록 하는 것처럼요.

저는 교육 프로그램을 구상할 때 보드게임이나 일어나서 움직이는 활동적인 과정을 꼭 넣습니다. 긍정적인 상호작용 때문입니다. 놀이는 팀원들 간의 긍정적 상호작용을 창조하는 한 방법이며, 창의성을 높이기에 가장 쉬운 방법입니다. 실험적인 도전이 필요한 팀 활동이라면 무엇보다 참여자들이 즐거워야 합니다. 그중 하나를 소개하자면, 제 수업에는 '5분 발표'가 포함돼 있습니다. 팀원들은 관련 챕터의 핵심 내용을 5분 안에 발표해야 합니다. 단 제한사항이 있습니다. "지루한 발표는 가라!"(지루한 강의는 교수자 한 명이면 족하죠.) 목표에 즐거움이 포함되면 과정도 즐겁고 결과도 새로워집니다. 또한 팀 활동에는 약간의 강제성이 부여돼야 합니다. 예를 들어 항상 결과물을 다른 팀과 공유하는 시간을 마련하는 것 그리고 작업을 할 때마다 팀원들의 역할과 각자가 한 일을 명확히 기술하는 것입니다. 이는 실제 업무에서도 마찬가지로 중요합니다. 여러분도 업무 중에 또는 팀별 과제를 하는 중이라면 모든 팀원이 즐겁게 참여할 수 있는 활동을 한번 해보면 도움이 될 겁니다. 단 약간의 강제성이 필요하다는 것을 잊지 마세요.

서로 공유할수록
세상은 나아간다

공유의 시대를 촉진시킨 것은 인터넷이지만, 인터넷의 발달은 '공유' 없이는 발달하지 못했을 겁니다. 컴퓨터의 선구자라 불릴 만한 세기의 개발자들이 '공유와 나눔의 태도'를 갖지 못했더라면 지금 우리가 누리는 스마트한 세상은 도래하지 못했을 겁니다.

빌 게이츠는 마이크로소프트를 설립하고 얼마 되지 않은 1976년에 이런 말을 했습니다. "아무런 대가 없이 3년 동안 프로그래밍하고, 모든 버그를 찾으며 만든 결과물을 공짜로 나눠줄 사람이 누가 있겠습니까?" 그러나 당시 그의 말과 달리, 완성도 높은 프로그램을 무료로 배포했던 사람이 있었습니다. 자유소프트웨어 운동을 이끈 리처드 스톨먼Richard Stallman 입니다. 그가 이끈 자유소프트웨어 운동은 독점적이고 상용화한 소프트웨어를 반대하며 누구나 복제, 수정, 공유, 배포할 수 있도록 하자는 것이었습니다.

"완벽한 소프트웨어는 많은 사람의 손을 거쳐 수정에 수정을 거듭하면서 탄생한다. 그러기 위해선 누구나 고치고 배포하고 사용할 수 있는 자유가 주어져야 한다. 컴퓨터가 너무도 중요한 이 세상에서 소프트웨어는 공기와도 같은 존재다. 그렇기에 어느 한 사람이 독점해서는 안 된다."[81]

스톨먼의 말에는 오픈 소스open source의 정신이 담겨 있습니다. 오픈 소스 정신이란 뉴턴의 말처럼 '거인의 어깨에 올라서라'는 것입니다. 즉 모든 창조는 베끼고 변형하고 이질적인 것을 뒤섞는 행위라는 전제를 깔고 있습니다.

스톨먼처럼 앞으로 공유가 세상의 발전을 이끌 거라고 예상하며 정보화 시대를 앞당긴 사람이 있습니다. 월드와이드웹컨소시엄의 회장인 티모시 존 버너스리Timothy John Berners-Lee 입니다. 그는 인터넷을 대중에게 선사한 월드와이드웹 관련 기술을 직접 만들었고 억만장자가 될 수 있는 기회도 가질 수 있었습니다. 하지만 월드와이드웹을 포함해 자신이 고안해낸 다른 여러 가지 기술들을 특허도 내지 않고 풀어버렸습니다. 우리가 인터넷을 무료로 사용할 수 있는 이유는 웹의 상업화를 거부하고, 인터넷에 대한 소유권을 공유한 그의 선택 덕분입니다. 리눅스의 아버지라 불리는 리누스 토발즈Linus Torvalds도

마찬가지입니다. 그도 자신이 개발한 리눅스LINUX 프로그램의 초판을 무료 소프트웨어로 공개했습니다. 그 덕분에 수많은 소프트웨어 마니아들이 이를 수정, 보완해서 현재는 마이크로소프트와 대적할 만큼 좋은 프로그램으로 진화시켰지요.

제가 지금 이렇게 제 전공 분야가 아닌 다양한 영역에 있는 인물들의 정보를 살필 수 있는 것도 공유와 협력의 개념을 활용한 서비스들 덕분입니다. '위키피디아'나 '나무위키' 사이트를 살펴보기도 하는데요. 이때 '위키'wiki는 해당 플랫폼을 방문한 누구나 문서의 내용을 쉽게 수정하거나 추가할 수 있는 웹사이트를 가리킵니다. 이런 채널들 역시 자신이 알고 있는 것을 자발적으로 나누는 행동이 모이면 엄청난 결과를 낳는다는 것을 보여주는 공유와 협력의 대표적인 사례입니다. 정재승 교수는 《크로스》라는 책에서 이러한 공유 메커니즘의 성장 가능성을 강조하며 이렇게 이야기했습니다. "위키피디아가 소중한 이유는 다음 세대에게 공유할수록 서로 부유해진다라는 인생의 놀라운 진실을 가르쳐주었다는 데 있다."[82]

정보를 공유했을 때 얻을 수 있는 것

아이디어의 가치를 유지하기 위해 장벽을 둘러치고 아무도 모르는 연구 개발 실험실을 운영하거나 모든 것에 특허를 걸어두고서 사람들이 더 많은 아이디어를 만들도록 자극하는 것이 좀 더 혁신적으로 될 것이라고 생각하죠. 하지만 저는 아이디어를 단순히 보호만 할 것이 아니라 아이디어와 아이디어를 결합하는 데 가치를 두고 더 많은 시간을 들여야 된다고 생각합니다. 아이디어는 보호보다 연결이 더 가치 있는 유동적 네트워크에서 생겨나기 때문입니다.[83]

_스티븐 존슨

—   2014년 6월, 테슬라 모터스는 자사가 보유한 전기차 관련 특허권을 모두 무료로 공개했습니다. 일론 머스크는 자신의 블로그에 이런 글을 올렸습니다.

"테슬라의 목표는 지속가능한 이동수단의 시대를 앞당기는 것입니다. 만일 우리가 뛰어난 전기 자동차를 만들어가면서 우리 뒤에 있는 다른 경쟁자들을 막기 위해 지식재산권이라는 지뢰를 깔아둔다면, 이는 우리의 목표와 정반대되는 행동을 하는 것입니다. …역사는 반복적으로 기술에 관한 리더십이 작은 보호에 불과한 특허에 의해 정의되지 않는다는 것을 보여왔습니다. 오히려 세계 최고의 엔지니어들의 마음을 끌고, 동기부여할 수 있는 능력으로 정의됩니다. 따라서 우리의 특허를 오픈 소스 철학에 따라 공유하는 것이 테슬라의 입지를 약화시키지 않고, 오히려 공고히 만들어줄 것이라 믿습니다."

테슬라뿐만 아니라 최근 기술 발전이 빠르게 진행되는 IT나 자동차 분야에서 자신들이 어렵게 쌓아온 기술과 특허를 아무런 대가 없이 공개하는 경우가 늘고 있습니다. 2019년 2월에는 GM과 우버가 자사 자율주행차의 필수적인 기술이 담긴 소프트웨어를 오픈소스로 인터넷에 공개했고, 2018년 10월에는 마이크로소프트가 오픈소스 특허 그룹인 '오픈 인벤션 네트워크'OIN에 가입하며 자사가 취득한 6만 개의 특허를 무료로 공개했습니다. 토요타도 2015년 1월 수소연료전기차 관련 5,680건의 특허를 2020년까지 개방했습니다. 공유는 자본주의 사회에서 매우 도전적인 개념입니다. 개인의 사유재산 보호와 지식재산권과는 반대편에선 행위니까요. 그런데 치열한 기술 경쟁 속에서 기업들이 잇달아 특허와 기술을 무료로 공개하는 이유는 무엇일까요?

우선 서로 협력해야 살아남을 수 있기 때문입니다. 모든 분야가 융합해야 하는 첨단기술 분야에서 한 기업이 모든 과정을 개발하고 서비스하기는 너무 힘듭니다. 그래서 기업들은 정보를 공유하고 응용하면서 시너지를 내는 구조를 지향합니다. 기업들이 무료로 기술을 개방하는 또 다른 이유는 시장을 인위적으로 빠르게 키우기 위해서입니다. 아무리 좋은 기술을 개발해도 시장에서 이를 받아들일 준비가 되어 있지 않으면 기술은 사장될 수밖에 없습니다.

전기차를 예로 들어보죠. 전기차 시장이 성장하고 사용자들에게 보급되려면 인프라가 갖춰져야 합니다. 그래서 테슬라는 전기차 관련 특허를 공개함으로써 시장의 동력을 제공해준 것입니다. 구글도 안드로이드를 개발하면서 시장을 키우기 위해 소스 코드를 공개했습니다. 그 덕분에 안드로이드 소프트웨어 시장 규모가 폭발적으로 성장했죠. 그리고 이는 구글의 이익과도 직결되었습니다. 더구나 이렇게 기업들이 기술을 개방해 해당 시장을 선점하면, 그 기술을 표준으로 삼을 가능성이 커집니다. 즉 기술을 무기로 시장을 선점해 표준화 경쟁에서 우위를 차지하려는 전략으로 풀이할 수 있습니다. 결국 공유는 모두에게 혜택이 되는 개념이기도 하지만 스스로 살아남기 위해서도 중요한 전략이 됩니다.

아이디어를 움켜쥐지 않고 세상에 내보내기

— 앞서 세상의 모든 창조 활동은 모방에서 시작한다고 강조했습니다. 그렇다면 자신의 결과물을 독점적으로 소유하기 위해 지식재산권을 지나치게 강조하는 행위는 예술과 기술 발전에 장애물이 될 수 있다는 결론이 나옵니다. 자본주의 시장에서의 독창성은 실상 창의성의 개념이 아니라 소유권의 개념이 되어버렸습니

다. 창의적인 시도를 꾀하는 데도 많은 부담을 갖게 만들어버렸지요.

물론 공유가 쉬운 일은 아닙니다. 자신의 아이디어와 인프라를 외부에 공유하면 손해를 본다는 느낌을 지울 수 없지요. 하지만 분명한 것은 공유를 통해서 손해를 보지 않는다는 사실입니다. 테슬라나 구글이 자신들의 기술을 공유한 사례에서 이미 확인할 수 있어요. 공유할 가치가 없다면 보유할 가치도 없는 것입니다.

인류가 공유하는 창조자들 덕분에 발전했다는 것은 분명한 사실입니다. 그리고 우리는 공유의 혜택을 지금 누리고 있습니다. 그렇다면 우리도 크게는 인류를 위해서, 작게는 우리 주변 사람들을 위해서 공유하는 습관을 기르려면 어떻게 해야 할까요? 그보다 우리가 공유할 수 있는 것은 무엇이 있을까요? 먼저 공유하는 태도를 기르기 위해서는 사소한 생각도 타인과 소통하는 습관을 길러야 합니다. 그리고 내 것을 나누면 서로 부유해진다는 것을 직접 경험해야 합니다. 아이디어를 움켜쥐어서 얻는 이익보다 세상에 공개했을 때 얻는 이익이 크다는 것을 말이죠. 제4장에서도 언급했지만, 창의적인 실행을 위해서는 내 아이디어를 움켜쥐지 않고 세상에 빨리 내놓아 그것이 성공할 수 있는 아이디어인지 검증해보아야 합니다. 내 것을 나눌 기회가 왔을 때 한번 시도해보세요.

나의 가치를
세상에 보여주기

미래사회를 말할 때 항상 등장하는 이슈가 있습니다. 바로 인간과 기계(로봇)와의 경쟁인데요. 이젠 그리 먼 이야기가 아닙니다. 알고리즘으로 로봇이 음악도 만들고, 신문 기사도 쓰고 심지어 암 진단도 인간보다 훨씬 잘하는 시대가 바로 지금이니까요. 심지어 로봇이 그린 그림이 고가에 팔리는 일도 있었습니다. 분명 서비스 공급자로서 인간과 로봇의 경쟁은 가속되고 있습니다. 하지만 분명한 것은 인간인 우리는 기계와 다르다는 겁니다. 그러니 로봇과 공존하는 세계를 살아가기 위해서는 인간만이 지닌 특성에 집중해야 할 필요가 있습니다.

더 많이 아는 것, 더 빨리하는 것, 더 정확히 하는 것. 이러한 것은 기계가 제일 잘하는 일입니다. 기계 알고리즘에 데이터를 많이 입력할수록 인간보다 더 빨리 배우고 진화하니까요. 지구상에서 유일하게 '문명'을 일으킨 우리 인류만이 지닌 특성은 '넘어섬', 즉 성장에 대한 욕구를 지녔다는 점입니다. 더불어 사회적인 존재라는 점이죠 (사회군집을 이루는 다른 몇몇 동물들도 있지만, 진화생물학자 장대익 교수에 따르면 인간은 단순히 사회적인 존재이기보다는 다른 동물들의 사회성 수준을 뛰어넘는 초ultra사회적 존재라고 합니다).[84] 바로 이러한 인간만의 특성이 바로 창의성의 근간입니다.

자, 이제 대망의 마지막 이야기입니다. 긴 여정의 끝으로, 사회적 존재로서 인간의 창의성이 발현되는 과정에 집중하고자 합니다. 앞서 이야기했듯 창의성은 자신이 가장 잘할 수 있는 '나다움'의 능력을 찾아 그것을 '사회적 가치'와 연결할 때 비로소 발현됩니다. 그렇다면 나의 능력을 사회와 어떻게 연결할 수 있을까요? 지금부터 이에 관한 두 가지 내용을 이야기하려 합니다.

첫 번째는 나의 능력을 인정해줄 곳을 직접 찾아가 생각을 외부(세상)와 연결하는 것입니다. 세계적으로 사람들의 많은 주목을 받은 창의적인 사람들은 자신의 능력을 알아주고 또 나눌 수 있는 집단을 잘 활용한 사람들이었습니다. 따라서 이 사실에 대해 자세히 살펴보려 합니다. 두 번째는 사회에 기여하는, 내가 할 수 있는 일들을 계속 생각하고 실천해보는 습관을 기르는 것입니다.

나를 알아주는 곳에 먼저 다가가기

> 모든 창조적 행위는 처음에는 한 개인과 객관적인 작업(작품)
> 세계의 관계에서 생겨나고, 그 다음으로 그 개인과 다른 사람
> 들의 관계에서 성숙한다.[85]
>
> _미하이 칙센트미하이

— 창의성을 개인의 능력으로만 이해하면 안 됩니다. 단순히 개인의 능력으로 보면 삶 속에서 창의성을 제대로 발휘하지 못합니다. 창의적 산물은 단지 한 개인의 능력이 탁월하다고 해서 만들어지는 것이 아니라 아이디어가 사회 속에서 제대로 평가되고 선택되어야만 탄생할 수 있기 때문입니다. 역사적으로 남아 있는 창의적 산물들은 이러한 공통적인 과정을 거쳤습니다. 결국 창의성과 아이디어는 사회와 연결되어야 합니다.

이러한 사실을 이론화한 것이 '창의성의 체계 모델'입니다.[86] 이 모델에서 창의성이란 개인, 현장, 영역이라는 세 가지 요소가 잘 조화될 때 나오는 결과물이라고 설명합니다. 다시 말해 창의성은 개인$_{person}$이 새로운 아이디어를 내면 바로 해당 영역에 포함되는 것이 아니라 현장$_{field}$이라는 해당 분야의 전문가, 평가자들의 집단으로부터 평가되고 인정되어야만 창의적인 산물로 남게 되는 것입니다.

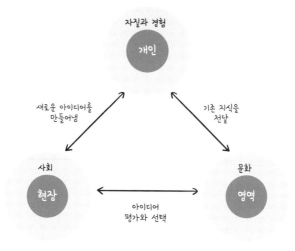

자질과 경험

개인

새로운 아이디어를
만들어냄

기존 지식을
전달

사회

현장

아이디어
평가와 선택

문화

영역

○ 창의성의 체계 모델

결국 개인의 아이디어나 결과물이 창의적인 산물로 도약하기 위해서는 그 분야에서 헤게모니를 쥐고 있는 주류 집단의 눈에 들어야 하고 그들이 감탄하도록 만들어야 합니다. 그래야 영역domain으로 넘어가 창의적인 산물로 남게 되는 것이죠. 따라서 잠재적 창의성을 가진 인물들은 항상 현장이라는 곳에서 기존의 패러다임을 변화시키기 위해 설득하고 논쟁하고 때로 투쟁해야 하는 상황에 직면합니다. 여기서 우리가 주목해야 할 것은 화살표의 방향입니다. '개인 → 현장 → 영역'이 아니라 '개인 ↔ 현장 ↔ 영역'입니다. 즉 양방향 화살표에 주목해야 합니다. 개인의 능력을 현장에서 인정해 영역에 남게 되는 과정이지만 개인은 현장에 먼저 접근할 수도, 현장을 선택할 수 있습니다.

만약 자신이 창의적인 아이디어와 결과물을 갖고 있다면 자신의 능력을 인정해줄 수 있는 현장을 스스로 찾아야 합니다. 현장에서 개인의 창의성을 먼저 찾아낼 수도 있지만, 정말 운이 정말 좋은 경우입니다. 대부분의 아이디어는 빛을 보지 못하고 다 묻혀버리고 말죠. 누구나 한 번쯤 경험해본 일일 겁니다. 새로운 사업 계획을 세우거나 새로운 연구 주제를 정할 때 자신의 생각을 먼저 외부에서 발견해주는 경우는 드물죠. 더구나 요즘처럼 유능한 사람들이 넘치는 세상에선 더더욱 그래요. 창의적인 사람들은 자신이 먼저 자신의 능력을 인정해주고 자신의 능력을 더 개발할 수 있는 현장을 찾아갑니다. 물론 거절당하고 실패도 하면서 결국 자신의 가치를 알아보는 현장을 찾고, 인정과 지원을 받아냅니다.

기꺼이 세상에 나의 존재를 던진다는 것

—　　　　　자신의 창의적 아이디어를 전 세계에 알리기 위해 더 넓은 무대로 뛰어든 인물의 이야기를 한번 소개해보죠. 2009년 1월, 한 장의 포스터가 세상을 놀라게 만들었습니다. 평범해 보이는

포스터이지만, 어떻게 붙이느냐에 따라 전혀 다른 포스터가 됩니다. 전봇대를 빙 두르게 포스터를 붙이면 적을 향했던 총구가 자신의 뒤통수를 겨냥하도록 의도한 작품이었습니다. 그러면 포스터 아래 적혀 있는 "뿌린 대로 거두리라." What goes around comes around라는 문구가 전혀 다른 의미로 읽히게 됩니다. 이 포스터는 이라크 전쟁에 반대한다는 메시지를 담은 것입니다. 버락 오바마 전 미국 대통령의 취임에 맞춰 뉴욕과 워싱턴에 나붙었고, 유명 국제 광고제에서 메달도 여러 개 받았습니다. 이 광고를 만든 사람은 바로 이제석이라는 광고인입니다.

지금은 그를 광고계의 천재라 부르지만, 그도 젊은 시절 꽤 오랜 시간 동안 '현장'에서 인정받지 못했습니다. 정확히 말해 한국의 광고 현장에서 말이죠. 유명 대학을 졸업하지 않았기 때문인지, 한국의 광고계에서는 어느 곳에서도 그를 불러주지 않았습니다. 그는 동네 간판을 고쳐주는 일을 하다가 뉴욕으로 가기로 결심했습니다. 스스로 자신의 창의성을 인정해줄 현장을 찾아간 것이죠. 그곳에서 그의 노력과 능력이 빛을 발하게 됩니다. 한 인터뷰에서 그는 "미국 뉴욕 광고판에 직접 뛰어들지 않았다면, 지금 이제석은 어떤 모습으로 어떻게 평가 받고 있을까요?"라는 질문을 받았습니다. 그러자 그는 이렇게 답했습니다.

"글쎄요…. 미국에 가지 않았더라면, 제가 갖고 있는 잠재력을 봐

줄 만한 멘토를 만나기가 쉽지 않았을 겁니다. 사람들이 껍데기로 보이는 포장에 워낙 열광하기 때문에 그런 것들에 대한 단점을 안고 살아갔을 것 같아요. 저의 기량과 재능을 알아주는 스승들을 만났기 때문에 제가 성공할 수 있었으니까요. 저 혼자 힘으로 잘됐다고는 생각하지 않거든요. 한국에 남아 있었더라면 확률적으로 저의 잠재력을 인정받는 데 시간이 더 많이 걸렸겠지요."[87]

자신을 인정해줄 현장을 먼저 찾아 뛰어드는 시도에는 엄청난 용기가 필요합니다. 새로운 장소와 낯선 사람들을 찾아서 자신의 능력을 보여줘야 하니까요. 하지만 분명한 것은, 우리의 창의성은 '현장'의 인정과 지원 없이는 사회와 연결될 수 없다는 점입니다.

기여를 고민하는 습관

인간은 자신이 가치 있다고 느낄 때 용기를 낸다.

_알프레드 아들러

—   나의 가치를 사회와 연결하는 두 번째 방법은 기여를 고민하는 습관, 즉 내가 어디에 도움이 될지를 수시로 생각하고 실천하는 습관을 갖는 것입니다. 심리학자 마틴 셀리그먼Martin Seligman은 누군가와 유대감을 느끼고 사회에 이바지하며, 자신 안에 있는 최고를 끌어내는 것이 곧 삶의 의미라고 했습니다. 창의적인 인물들 역시 자신만의 삶의 의미를 찾아 누구보다 충만한 삶을 살았다는 공통점을 갖고 있습니다. 즉 삶의 목적이 자신의 강점을 최대한 발휘할 뿐만 아니라 자신의 강점을 사회에 기여하도록 만들 때 비로소 우리는 가치 있는 존재가 되는 것입니다.

누구나 살아가면서 가치 있는 일을 하고 싶어합니다. 진로를 고민하고 직업을 결정할 때를 떠올려보세요. 자신의 강점을 이용해서 타인을 돕는 것에 목적을 두는 경우가 많죠. 예를 들어 의학을 배워 아픈 사람을 돕는다거나, 선생님이 되어 학생들을 가르치며 도움을 주고 싶다거나, 큐레이터가 되어 예술의 아름다움을 사람들에게 전하며 감동을 준다거나, 건축가가 되어 사람에게 편안함을 주는 공간을 만들어주고 싶다거나 하는 각자의 목적들이 있을 겁니다. 바로 그런 진로와 직업을 선택하는 이유들이 각자가 생각하는 삶의 의미, 가치입니다.

자신이 중요하게 여기는 가치를 세상에 기여한다는 것이 꼭 도움을 주는 행위만을 의미하지는 않습니다. 기여의 가장 중요한 핵심은 타인과 꾸준히 '교류(연결)'한다는 점입니다. 스탠퍼드대학교의 프랭크 플린Frank Flynn 교수는 실리콘 밸리 엔지니어 161명을 대상으로 평소 자신이 동료들의 요청에 얼마나 기꺼이 도움을 주려 하는지, 그

리고 동료들에게 도움을 얼마나 부탁하는지를 물었습니다.[88]

호의를 잘 베푸는 엔지니어들은 크게 두 부류, 즉 생산성이 아주 높은 집단과 아주 낮은 집단으로 나뉘었습니다. 두 집단의 차이점을 보면 상당히 흥미롭습니다. 생산성이 높은 엔지니어들은 동료들을 기꺼이 도울 뿐 아니라 자신도 도움을 요청할 줄 알았습니다. 동료들과의 관계도 꾸준히 유지했습니다. 반면 생산성이 낮은 엔지니어들은 남을 잘 돕긴 하지만, 정작 자신이 필요할 때는 도움을 청하지 않았습니다. 즉 동료들과의 관계 속에서 살고 있지 않은 것입니다.

한쪽으로 치우친 관계는 오래가지 못합니다. 자신은 도움을 받지 않으면서 도움을 주는 사람의 위치에만 있으려 하는 것이 도리어 관계를 유지하는 데 걸림돌이 될 수 있습니다. 타인과 자신 모두 성장하기를 바란다면 타인과 꾸준히 상부상조하면서 교류하는 것이 중요합니다. 더불어 기여하는 습관으로 가장 추천하고 싶은 것 중 하나는 앞서 이야기한 '공유하는 행동'입니다. 자신의 것을 나눔으로써 다른 사람이 성장하고, 자신도 발전하는 경험. 앞으로의 사회에서 그 의미가 더 커질 겁니다.

브레인스토밍brainstorming의 기본 가정은 "우리는 나보다 똑똑하다."는 것입니다. 브레인스토밍이 효과가 없다고 말하는 사람도 있습니다. 그들이 그렇게 주장하는 근거에는 브레인스토밍의 기본 가정이 없기 때문이죠. 즉 집단의 힘을 인정하고 존중하는 태도가 깔려 있지 않기 때문입니다. 분명 우리는 나보다 똑똑합니다.

창의적인 삶은 혼자만의 힘으로 만들 수 없습니다. 다양한 사람들과 함께 모여 질문하고 이야기를 나누는 것만으로도 더 성장할 수 있고 창의성을 낳을 수 있습니다.

공유와 협력, 즉 함께하는 삶을 위한 다음의 실천 질문들에 답해봅시다.

- 나는 (나와 다른) 다양한 관점을 지닌 사람들과 함께하는 것을 즐기는가?
- 나는 혼자일 때보다 더 멋진 결과를 얻는 협업 경험을 쌓고 있는가?
- 나는 내 것을 나누는가?
- 나는 내 아이디어를 움켜쥐지 않고 세상에 내놓는가?
- 나는 나의 가치를 인정받는 곳에 있는가?
- 나는 내 능력을 알아주는 곳(현장)을 스스로 찾으려 하는가?
- 나는 내가 어디에 도움이 될지를 수시로 고민하고 실천하고자 하는가?
- 그래서, 나는 공유와 협력을 통해 나의 능력을 사회와 연결하려 노력하는가?

자신의 고유성을 사회와 연결해 창의성을 발현시키는 방법은 바로 협력과 공유의 습관을 갖는 것, 그리고 더불어 나의 가치를 인정해주는 곳을 찾아가는 겁니다. 여러분들이 부디 각자의 가치를 인정받는 분위기에서 가치 있는 일을 하며 재미있게 몰입하며 살기를 바랍니다.

나와 일상 속에
창조의 답이 있다

자신만의 생각을 세상에 내보이고, 창조물을 만들어내는 사람들에게는 그들만의 반짝이는 생기가 있습니다. 저 또한 창의적인 삶을 원합니다. 삶의 활력을 불어넣는 창의성의 힘을 끊임없이 유지하고 싶은 마음이 간절합니다. 그런 마음은 나이가 들면서도 사라지지 않을 겁니다. 오히려 점점 더 강하게 열망하게 되겠죠. 나이가 들어도 늙지 않는(성장하는) 비결은 타인과 함께 낯선 것을 보고 꿈꾸고 행하고 연결 짓는 것이니까요. 창의적인 삶을 살고자 하는 여러분들에게 저는 다음의 세 가지를 강조하며 이 책을 마무리하고자 합니다.

첫 번째, 창의적인 삶을 갈망한다면 당신은 창의적인 사람입니다. 아리스토텔레스는 "자신을 바로 아는 것이 모든 지혜의 근원이다."

라고 말했습니다. 누구나 창의성을 가지고 있습니다. 제가 강조했듯
이 인류는 현실에 만족하지 않고 변화를 추구하는 '넘어섬'의 본능을
가지고 있습니다. 그리고 호기심을 가지고 세상을 배우고 싶은 성장
의 욕구와 자신의 고유성을 찾아 사회와 연결하고픈 사회적 욕구를
가지고 있습니다. 이것이 바로 우리 모두가 갖고 있는 창의성의 씨앗
입니다. 아리스토텔레스의 명언처럼, 창의적인 삶은 바로 '나는 창의
적인 존재다'라는 인식에서 시작됩니다. 그러니 창의적인 삶을 원한
다면 우선 스스로 자신의 창조적 가능성을 인정해야 합니다.

　두 번째, '일상'에서 창의성을 놓지 않았으면 합니다. 이 책의 다섯
가지 키워드인 '관찰·모방·몰입·실행·함께'는 사실 새로울 것 없
는 단어입니다. 창의적인 사람이란 단순히 부러워하거나 우러러볼
대상이 아니라 창의성의 다섯 가지 키워드를 일상에서 자기만의 속
도로 실천했던 사람들입니다. 거대한 능력까지도 필요 없습니다. 관
심을 조금 더 갖고 조금씩 노력하고 변화시켜가는 일상의 태도면 충
분합니다. 창의성의 다섯 가지 요소를 '습관'으로 표현하는 것도 좋
겠네요. 관찰하는 습관, 모방하고 연결하는 습관, 몰입하는 습관, 실
행하는 습관 그리고 함께하는 습관으로 말이죠. 습관은 일상을 대하
는 태도이며 자신의 관심과 생각을 보여주는 모습이니까요. 재능이
라는 선입견과 달리 창의성은 일상의 많은 곳에서 발견하고 실천할
수 있습니다. 익숙함은 창의성을 방해하는 요소이지만 습관은 창의

성을 증진시키는 힘이 될 수 있어요. 작은 행동의 변화 하나하나가 모여서 경험이 되고 습관이 될 때 우리는 전과 다르게 생각할 수 있습니다.

마지막으로 창의적인 삶을 살기 위한 가장 간단한 방법은 세상에 대한 애정을 갖는 것입니다. 창의적인 사람이 되려면 사랑을 아끼지 마세요. 무엇보다 사랑하고 싶은 대상을 찾는 노력을 기울여보세요. 그 대상을 사랑하다 보면, 자연스레 깊은 관심을 갖고 관찰을 하게 됩니다. 대상에 대한 포용과 깊은 몰입도 가능해집니다. 자신만의 아이디어를 착상하고 실패하는 두려움을 넘어선 실행을 할 수 있습니다. 그리고 세상을 사랑하면 자신의 것에 세상이 자연스레 담깁니다. 이렇게 창의성의 다섯 가지 키워드는 자연스레 연결됩니다. 저 또한 창의성에 대한 애정을 바탕으로 관찰하고, 몰입하고, 연결하고, 실행했습니다. 그 결과 세상과 저를 이어주는 집필의 과정을 자연스레 (물론 과정을 험난했지만) 실행하게 되었으니까요. 플라톤은 "모든 아름다움에는 사랑이 있다."고 했지요. 이 말을 이렇게 조금 바꿔봅니다. "모든 창조에는 사랑이 있다."로요.

창의적인 삶의 방법을 주제로 책을 써 독자들과 만나는 것이 걱정도 되었지만 설렘이 더 컸습니다. 세상에 좋은 책들은 넘쳐나고, 더불어 저자의 잔소리들도 넘쳐납니다. 제가 세상에 내놓은 결과물이 하나의 섣부른 잔소리로 더해진 것이 아니길 바라봅니다.

들어가며

1   전병근,《지식의 표정》, 마음산책, 2017, 171p.

제1장 첫 번째 질문 나는 관찰하는가

2   Novalis, 〈Die Lehrlinge zu Sais〉, 1802.

3   크리스토퍼 차브리스 외,《보이지 않는 고릴라》, 김명철 옮김, 김영사,
     2011, 참조.

4   Gosbee. J. (2010). Handoffs and communication: The underappreciated ro-
     les of situational awareness and inattentional blindness.《Clinical Obstetrics
     and Gynecology》, 53(3), 545-558.

5   헬렌 켈러,《사흘만 볼 수 있다면》, 신여명 옮김, 두레아이들, 2013, 참조.

6   The Society for Neuroscience(2002), 《Brain Facts: A Primer on the Brain and Nervous System》(7th edition), 참조.

7   에드워드 O. 윌슨 외, 《과학자의 관찰 노트》, 김병순 옮김, 휴먼사이언스, 2013, 195-196p.

8   Robert H. McKim(1980), 《Experiences in Visual Thinking》(2nd edition), 참조.

9   로버트 루트번스타인 외, 《생각의 탄생》, 박종성 옮김, 에코의서재, 2007, 131p.

10 알렉산드라 호로비츠, 《관찰의 인문학》, 박다솜 옮김, 시드페이퍼, 2015, 참조.

11 R. M. 릴케, 《젊은 시인에게 보내는 편지》, 이동민 옮김, 소담출판사, 1993, 14-15p.

12 에이미 E. 허먼, 《우아한 관찰주의자》, 문희경 옮김, 청림출판, 2017, 149p.

13 김영하, '김영하 작가가 말하는 우리가 책을 읽는 진짜 이유' 연세대학교 강연(2016. 09. 28)

14 데니스 홍, 네이버 '지서재, 지금의 나를 만든 서재' 인터뷰(2018. 08. 14)

제2장 두 번째 질문 나는 모방하는가

15 Welling, H. (2007) Four mental operations in creative cognition: The importance of abstraction. 《Creativity Research Journal》, 19(2-3), 163-177.

16 제임스 W. 양, 《아이디어를 내는 방법》, 신인섭 옮김, 커뮤니케이션북스, 2005, 26p.

17 Rich, J. D. & Weisberg, R. A. (2004). Creating all in the family: A case study in creative thinking. 《Creativity Research Journal》, 16, 247-259.

18 김남국, 《창조가 쉬워지는 모방의 힘》, 위즈덤하우스, 2012, 29p.

19 오데드 센카,《카피캣》, 이진원 옮김, 청림출판, 2011, 20p.

20 빈센트 반 고흐,《빈센트 반 고흐》, 이창실 옮김, 생각의나무, 2007, 27,
    35p. (본 도서는 절판되었으나 해당 출간본의 번역 일부를 인용하였음을 밝힌다. 이
    하 동일.)

21 오스틴 클레온,《훔쳐라 아티스트처럼》, 노진희 옮김, 중앙북스, 2013, 참
    조.

22 최인수,《창의성의 발견》, 쌤앤파커스, 2011, 198p.

23 로버트 루트번스타인 외,《생각의 탄생》, 박종성 옮김, 에코의서재, 2007,
    208p.

24 데이비드 코드 머레이,《바로잉》, 이경식 옮김, 흐름출판, 2011, 105p.

25 T. S. Eliot. (1920). 〈The Sacred Wood: Essays on Poetry and Criticism〉.

26 정재승,《열두 발자국》, 어크로스, 2018, 201-202p.(인용된 원문은 다음
    과 같다. John Kounios, Mark Beeman,《The Eureka Factor: Aha Moments, Creative
    insight, and the Brain》, 2015.)

27 Mednick, S. A. & Mednick, M. T. (1967). Examiner's manual: Remote As-
    sociates Test. Boston: Houghton Mifflin.

28 로버트 루트번스타인 외,《생각의 탄생》, 박종성 옮김, 에코의서재, 2007,
    197-198p.

29 로버트 루트번스타인 외,《생각의 탄생》, 박종성 옮김, 에코의서재, 2007,
    195p.

30 Fred Alan Wolf,《Taking the Quantum Leap》, 1989, 참조.

31 Maier, N. R. F. (1931). Reasoning in humans. II. The solution of a problem
    and its appearance in consciousness. 〈Journal of Comparative Psychology〉,
    12(2), 181 - 194.

32 Duncker, Karl(1945). On Problem Solving. 〈Psychological Monographs〉.
    58(5). American Psychological Association.

33 보 로토, 《그러므로 나는 의심한다》, 이충호 옮김, 해나무, 2019, 276-293p.

34 케빈 시스트럼, '스타트업 스쿨 SV' Y Combinator 강연(https://youtu.be/_h_6xM36Z4g)(2014)

35 박웅현, '상상과 창조의 인문학 이야기' 강연(2010. 11. 16)

36 스티브 잡스, 스탠포드대학교 졸업 축사(2005)

37 William Maddux & Adam Galinsky, ⟨Journal of Personality and Social Psychology⟩(2009. 05)

제3장 세 번째 질문 나는 몰입하는가

38 빈센트 반 고흐, 《빈센트 반 고흐》, 이창실 옮김, 생각의나무, 2007, 269p.

39 Maslow, A. (1968). Toward the psychology of being, New York: Harper & Row./ Maslow, A. (1971). The father reaches of human nature, New York: Viking Press./ Rogers, C. (1961). On becoming a person. Boston: Houghton Mifflin.

40 미하이 칙센트미하이, 《몰입 FLOW》, 최인수 옮김, 한울림, 2005, 121-125p.

41 미하이 칙센트미하이, 《몰입의 즐거움》, 이희재 옮김, 해냄출판사, 2010, 165-166p.

42 Gussen, J. (1967). The psychodynamics of leisure. In P. A. Martin, ed., ⟨Leisure and mental health: A Pschiatric viewpoint⟩ (pp. 51-169). Washington, D.C.: American Psychiatric Association.

43 Csikszentmihalyi, M. (1975). Beyond Boredom and Anxiety. Washington: Jossey-Bass Publishers.

44 Torrance, E. P. (1998). The Torrance tests of creative thinking norms—

technical manual figural (streamlined) forms A&B. Bensenville, IL: Schola-
stic Testing Service, Inc.

45   이화선(2010). 〈학습플로우경험의 증진방안 연구: 관련 변인 간의 구조적
     관계분석과 플로우 채널 탐색을 기반으로, 성균관대학교 대학원 박사 학
     위 논문; 이화선, 최인수(2012). 〈플로우 관련 변인 간의 구조적 관계분석
     통한 학습플로우경험의 증진방안 모색〉. 교육심리 26(4), 1053-1074.

46   Barron, F. (1995). No rootless flower: An ecology of creativity. Cresskill,
     NJ: Hampton Press./ Davis, G. A. (2000). Creativity is forever. Dubuqe,
     LA: Kendall/Hunt./ Torrance, E. P. (1962). Guiding creative talent. Engle-
     wood Cliffs, NJ: Prentice-Hall.S. (2000). Competition and the adjustment
     of gifted children: A matter of motivation. Roeper Review, 22(4). 212-
     216.

47   Udvari, S. (2000). Competition and the adjustment of gifted children: A
     matter of motivation. 《Roeper Review》, 22(4). 212-216. / 한기순 (2003).
     《영재교육학원론》. 서울: 교육과학사.

48   Torrance, E. P. (1988). The nature of creativity as manifest in its testing. In
     R. J. Sternberg (Ed.), 《The nature of creativity: Contemporary psychological
     perspectives》(p. 43-75). Cambridge University Press.

49   George Leonard, 《Mastery》, 1992, 79p.

50   데이비드 이글먼, 《더 브레인》, 전대호 옮김, 해나무, 2017, 110-117p.

51   앤절라 더크워스, 《그릿Grit》, 김미정 옮김, 비즈니스북스, 2016, 177-
     188p.

52   Delle Fave, A. and F. Massimini. (1988). Modernization and the changing
     contexts of flow in work and leisure. 《In Optimal experience: Studies of
     flow in consciousness》, ed. M. Csikszentmihalyi and I. S. Csikszentmihalyi,
     193-213. New York: Cambridge University Press.

53 슈테판 클라인, 《안녕하세요, 시간입니다》, 유영미 옮김, 뜨인돌출판사, 2017. (실제 저자가 참고한 도서는 개정 전 출간된 《시간의 놀라운 발견》(2007년)으로, 이 도서의 203-204p를 참고하였다.)

54 미하이 칙센트미하이, 《몰입FLOW》, 최인수 옮김, 한울림, 2004, 386p.

55 Deci, E. L. (1971). "Effects of externally mediated rewards on intrinsic motivation". 〈Journal of Personality and Social Psychology〉.

56 정재승, 《열두 발자국》, 어크로스, 2018, 279p.(인용 원문: John Kounios, Mark Beeman, 《The Eureka Factor: Aha Moments, Creative insight, and the Brain》, Random House, 2015.)

57 한병철, 《피로사회》, 김태환 옮김, 문학과지성사, 2012, 30-32p.

58 황농문, 《몰입: 두 번째 이야기》, 알에이치코리아, 2011, 55p.

제4장 네 번째 질문 나는 실행하는가

59 데이비드 코드 머레이, 《바로잉》, 이경식 옮김, 흐름출판, 2011, 169p.

60 스티브 앤더슨, 《베조스 레터》, 한정훈 옮김, 리더스북, 2019, 83, 290p.

61 Sternberg, R. J. (2001). Teaching psychology students that creativity is a decision. 《The General Psychologist》, 36, 8-11.

62 에드 캣멀 외, 《창의성을 지휘하라》, 윤태경 옮김, 와이즈베리, 2014, 163p.

63 Amy C. Edmondson, 《Strategies for Learning from Failure》, 2011, 참조.

64 Dow, Steven P., Kate Heddleston, and Scott R. Klemmer(2009). "The Efficacy of Prototyping Under Time Constraints." 〈Proceedings of the Seventh ACM Conference on Creativity and Cognition〉. New York: Association for Computing Machinery.

65 에릭 리스, 《린 스타트업》, 이창수·송우일 옮김, 인사이트, 2012, 참조.

66 캐럴 드웩, 《마인드셋》, 김준수 옮김, 스몰빅라이프, 2017, 참조.

67 M.H, Kim, Y.S, Lee H.S, Park J.A (2007). 〈An Underlying Cognitive Aspect of Design Creativity: Limited Commitment Mode Control Strategy〉. Design Studies, 28(6), 585-604.

68 이화선, 표정민, 최인수(2014). 창의적 문제해결 프로파일 검사(CPSPI)의 개발 및 타당화. 〈영재교육연구〉, 25(5), 733-755.

69 프레데리케 파브리티우스 외, 《뇌를 읽다》, 박단비 옮김, 빈티지하우스, 2018, 24-25p.

70 Philip Perkis, 〈Teaching Photography〉, Notes Assembled, 2016.

71 대니 그레고리, 《창작 면허 프로젝트》, 김영수 옮김, 세미콜론, 2009, 21p.

72 정재승, 《열두 발자국》, 어크로스, 2018, 320p.(인용 원문: Josehp Raffiee, Jie Feng (2014), "Should I Quit my Day Job?: a Hybrid Path to Enterpreneurship". 《Academy of Management Journal, Vol. 57》, No. 4, 936-963.)

73 애덤 그랜트, 《오리지널스》, 홍지수 옮김, 한국경제신문사, 2016, 61p.

제5장 다섯 번째 질문 나는 함께하는가

74 김승섭, 《아픔이 길이 되려면》, 동아시아, 2017, 256p.

75 Berkman LF, Syme SL. (1979). "Social network, Host Resistance, and Morality: a Nine-year Follow-up Study of Alameda County Residents". 〈American Journal of Epidemiology〉, 109(2), 186-204.

76 스티븐 존슨, 《탁월한 아이디어는 어디서 오는가》, 서영조 옮김, 한국경제신문사, 2012, 73p.

77 Dunbar, Kevin(1999). "How Scientists Build Models: InVivo Science as a Window on the Scientific Mind." 〈In Model-based Reasoning in Scientific

Discovery〉, edited by Lorenzo Magnani, Nancy J. Nersessian, and Paul Thagard, 89.98. New York: Plenum Press.

78 데니스 홍, 네이버 '지서재, 지금의 나를 만든 서재' 인터뷰(2018.08.14)

79 Suntai Jin, Yongse Kim, Hwasun Lee(2005). 〈Dual Protocol Analysis Based on Design Information and Design Process: A Case Study〉. Proc. Workshop on Studying Designers, Aix-en-Provence./ Myoungsook Kim, Yongse Kim, Hwasun Lee (2006). 〈Personal Creativity Mode and Perceived Creativity〉. Proc. of International Design Research Symposium, Korea.

80 에이미 월킨슨, 《크리에이터 코드》, 김고명 옮김, 비즈니스북스, 2015, 243p.

81 EBS 〈지식채널e〉, '소프트웨어에 대한 두 가지 입장'(2007.04.24)

82 정재승 외, 《크로스 1》, 웅진지식하우스, 2012, 305p.

83 스티븐 존슨, 'Where good ideas come from' TED 강연(https://www.youtube.com/watch?v=0af00UcTO-c)(2010)

84 전병근, 《지식의 표정》, 마음산책, 2017.

85 미하이 칙센트미하이, 《창의성의 즐거움》, 노혜숙 옮김, 더난출판사, 2003, 25-62p.

86 Csikszentmihalyi, M. (1988). 〈Society, Culture, and Person: A Systems View of Creativity〉. In R. J. Sternberg. ed. "The Nature of Creativity". NewYork: Cambridge University Press. 32-39.

87 이제석, '이순신 장군의 갑옷을 벗긴 광고장이 '변방의 상상력'으로 사람들을 사로잡다' 〈오마이뉴스〉 인터뷰(2011.02.07)

88 Flynn, Francis J. (2003). "How Much Should I Give and How Often? The Effects of Generosity and Frequency of Favor Exchange on Social Status and Productivity." 〈Academy of Management Journal〉, 46(5), 539-553.

그림 출처